[英]巴兹尔·利德尔·哈特——著　　梁力乔——译

一个英国军事顾问眼中的二战

THE HISTORY OF THE SECOND WORLD WAR

III

非洲沙漠剑影：
隆美尔与蒙哥马利的较量

中国画报出版社·北京

CONTENTS

目 录

第 1 章
来自埃及的反击   001

第 2 章
解放意属东非   019

第 3 章
隆美尔进入北非   029

第 4 章
"十字军"   047

第 5 章
隆美尔胜利的高潮   073

第 6 章
非洲战场的转折点

095

第 7 章
"火炬行动"

133

第 8 章
为争夺突尼斯城而展开的激战

171

第 9 章
荡平非洲

185

第 1 章 来自埃及的反击

Counterstroke from Egypt

第1章 来自埃及的反击

1940年6月10日,正当希特勒指挥德军在西欧横冲直撞地突破法军临时拼凑起来的索姆河—埃纳河防线,法国败局已定的时候,墨索里尼将意大利卷入了大战之中,以期瓜分胜利果实。看上去,墨索里尼打的主意是稳赚不赔的,还能重创身处历史上最黑暗时刻的英国在地中海及非洲的地位。虽然大部分英国士兵通过敦刻尔克大撤退乘船逃离了法国,但他们还是被迫扔掉了绝大部分武器装备。一旦耀武扬威的德国军队准备入侵,英国士兵只能赤手空拳地迎战。英国此时也无力增援那些驻扎在埃及和苏丹的小股部队,它们只能独自应对盘踞在意属东非及利比亚的意大利军队。

英国对地中海航道的使用随着意大利的介入而变得极不安全,因此增援埃及的部队必须沿着非洲西海岸往南转过好望角后再沿着非洲东海岸北上进入红海,也就是绕过整个大陆。1940年5月,一支七千人的小规模英国援军就已经做好了出发准备,但直到1940年8月底,援军才到达埃及。

比起英国陆军上将阿奇博尔德·韦维尔爵士率领的小规模英军部队,非洲的意大利部队在数量上占压倒性优势。1939年7月,

英国政府根据莱斯利·霍尔-贝利沙的建议，开始加强英国在中东地区的防务。当时，阿奇博尔德·韦维尔爵士就是在莱斯利·霍尔-贝利沙的建议下被任命为中东部队总司令的。即便英军在中东的防务有所加强，但还是处于以寡敌众的状态——区区五万英军要面对五十万意大利及其殖民地军队。

在厄立特里亚和埃塞俄比亚南部前线意大利军队有二十多万人，可以西进苏丹（英国及苏丹殖民地军队共计只有九千人）或南攻肯尼亚（当地守军的兵力也不比在苏丹的强）。非洲局势十万火急，眼下只有靠崎岖的战场地形、遥远的作战距离、意大利军队在镇压新征服的埃塞俄比亚人时遭遇的困难和意大利军队自己无能这四个因素才能保住苏丹。意大利军队除侵犯卡萨拉和贾拉巴特两个边境小镇外几乎无所作为。

意大利陆军元帅格拉齐亚尼在北非前线的昔兰尼加率领一支更庞大的军队与由三万六千人组成的守卫埃及的盟军对峙。盟军士兵分别来自英国、新西兰和印度。双方的前线被埃及境内的西部沙漠隔开。英军的前哨阵地位于埃及境内，距离边境一百二十英里，即尼罗河三角洲以西二百英里的马特鲁港。

然而，阿奇博尔德·韦维尔爵士不想就这么一直处于被动的地位。他从一个不完整的装甲师里抽调出一部分力量前出沙漠地带，作为发动进攻时的掩护兵力。英军的打法非常凶猛，对意大利哨所发动了一系列骚扰性袭击。由迈克尔·克雷将军指挥的英国第七装甲师（后来的"沙漠之鼠"）就抢先一步占据了主动权。阿奇博尔德·韦维尔爵士对约翰·库姆中校指挥的第十一轻骑兵团赞赏有加，称第十一轻骑兵团"在整个作战阶段都在第一

第1章 来自埃及的反击

线持续作战,并且常常深入敌后"。

1940年6月14日,约翰·康特准将指挥一支机动纵队偷袭了卡普佐堡,夺取了这个重要的前线据点。不过,由于此时英军的战略目的仍是为了保持沙漠作战的机动性,也就是"当沙漠的主人",所以并没有固守卡普佐堡的打算,而是希望借此引诱意大利军队集中兵力,方便英军一举歼灭。根据已经公开的资料,在1940年6月至9月中旬的非洲战场上,意大利军队伤亡了三千五百名官兵,英军伤亡数字刚过一百五十人。不过,当时意大利的战斗机在数量上占相对优势,不仅可以自由出入战场,还能对英军进行炸弹轰炸及机枪扫射。

意大利军队直到1940年9月13日集中了六个师以上的兵力后才敢小心翼翼地进入埃及西部沙漠。意大利军队刚行进了五十英里(距离英军马特鲁港阵地还有一半多的路程),就在西迪拜拉尼建立了以一连串营地为基础的防御阵地固守起来。营地之间间隔很远,彼此无法呼应。眼看时间过去了一周又一周,意大利军队也没有继续前进的迹象。与此同时,由于丘吉尔的大胆建议,阿奇博尔德·韦维尔爵士获得了用三艘快速商船从英国运送来的包括三个装甲团在内的大量援兵。

这时,阿奇博尔德·韦维尔爵士决定,既然意大利人自己不来,他就主动出击攻打意大利人。阿奇博尔德·韦维尔爵士发动的进攻竟引发了惊人的后果——意大利全军覆没,其在北非固守的所有阵地土崩瓦解。

没有人能事先想到这一战竟然是这种结果。英军并没有打算持续进攻,而只是想搞一次短期的大规模突袭。阿奇博尔德·韦

维尔爵士一开始也只是希望能在分兵南下进攻在苏丹的意大利军队的同时打乱意大利入侵埃及军队的节奏而已。因此，取得大胜的英军并没有为追击败退的意大利军队做好准备。

英军之所以没有做好追击准备，很大程度上是因为一些人为进攻计划做过一次预演后对计划的可行性提出了怀疑。他们认为从正面直接进攻意大利军队的策略是有可能失败的——一旦在行军途中碰上意大利军队的雷场，失败的概率就更大。因此，英军认为应该将计划改为从意大利军队后方迂回，夺取其营地。提出改变意见的军官是一名由阿奇博尔德·韦维尔爵士派来的准将参谋，叫埃里克·多尔曼-史密斯。新战术的优点立刻就被西部沙漠部队指挥官理查德·奥康纳将军领会，后来也是因为理查德·奥康纳将军调度有方，英军才取得了一连串胜利。而高级指挥官阿奇博尔德·韦维尔爵士和亨利·威尔逊距离战场太远，对快节奏的作战无法发挥积极作用，后文也会谈及他们发挥的消极作用。

面对八万人的轴心国军队，理查德·奥康纳麾下只有三万人。但在坦克数量上，同盟国对轴心国有二百七十五比一百二十的优势。英国第七皇家坦克团配备了五十辆装甲厚重的"玛蒂尔达"坦克。"玛蒂尔达"坦克可以抵御大多数轴心国反坦克武器的攻击，在本次和随后几次作战中都起到了决定性作用。

1940年12月7日晚，英军从马特鲁港阵地出发，行军七十英里，穿过了沙漠。12月8日晚，英军从意大利军队一连串营地之间的一个空隙钻了过去。12月9日凌晨，诺埃尔·贝雷斯福德-皮尔斯将军指挥印度第四师从后方进攻，配合正面的第七皇家坦克团，一起猛攻意大利军队尼贝瓦营地。意大利军队被打了个措手

第1章 来自埃及的反击

不及,四千官兵被俘。英军伤亡极小,其中装甲兵仅伤亡七人。

接着,英军用"玛蒂尔达"坦克打头阵,向北猛攻代号为"西图马"的意大利军队营地。1940年12月9日中午,英军占领"西图马"。"东图马"营地也在这一天结束前被英军占领。与此同时,第七装甲师[①]往西推进,到达滨海公路,将意大利军队的退路切断了。

1940年12月10日,印度第四师向北机动,对西迪拜拉尼附近的意大利军队营地发起进攻。但意大利军队此时已经有所戒备,又逢沙暴天气,于是英军进攻受阻。印度第四师虽然初战不利,但还是在12月10日下午得到第七装甲师派来的两个坦克团一左一右的包抄助攻,在日落前占领了意大利军队在西迪拜拉尼的大部分阵地。

1940年12月11日,第七装甲师的预备旅被调往战场西部执行接下来的包抄任务。第七装甲师的预备旅抵达位于布格城外的海岸,挡住了一支撤退中的意大利部队。英军经过战斗,俘虏了一万四千名意大利士兵,缴获火炮八十八门,将英军的总俘虏数字刷新到近四万人,缴获火炮的数字也上升到四百门。

意大利入侵军残部在逃过边境线后一头扎进其在沿海建造的巴尔迪亚要塞中避难去了。英国第七装甲师很快就将意大利军队包围了。可惜,英军高层计划在攻克西迪拜拉尼后就把印度第四师这支步兵部队从埃及调往苏丹,用第七装甲师包围意大利军

---

① 由于迈克尔·克雷将军临时生病,其职务由约翰·康特准将暂时接管。——原注

队。装甲部队没有多余的步兵,无法趁意大利军队士气低落时重创意大利军队。英军高级指挥官远离战场,难以了解理查德·奥康纳此时取得的决定性胜利,更意识不到胜利带来的大好机会,只是一味地坚持调走印度第四师的命令。

1940年12月11日,溃败被围的意大利军队仓皇西窜,打了胜仗的英军也有一半兵力被向东调动,两军竟然背道而驰。这是战争史上的一件怪事,也不可挽回地耽误了英军的进攻速度。等到澳大利亚第六师从巴勒斯坦赶来支援,已经是三个星期之后的事情了。

1941年1月3日,英军对巴尔迪亚的进攻终于开始了。英军用二十二辆"玛蒂尔达"坦克作为打头阵的"开罐头刀"。意大利军队防线迅速崩溃。1月5日,也就是进攻开始后的第三天,意大利军队全面投降。英军抓获俘虏四万五千名,缴获火炮四百六十二门、坦克一百二十九辆。澳大利亚第六师师长艾文·吉法德·麦凯少将说:"我觉得每辆'玛蒂尔达'坦克简直能顶一个步兵营。"

占领巴尔迪亚后不久,第七装甲师便西进,将图卜鲁格团团包围。等澳大利亚第六师一来,两军便一同开始进攻。1941年1月21日,英军进攻开始,第二天便攻克了图卜鲁格。英军抓获俘虏三万名,缴获火炮二百三十六门、坦克八十七辆。虽然当时英军只剩十六辆"玛蒂尔达"可供使用,但它们仍然在突破防线的过程中起到了决定性作用。

占领图卜鲁格的那个晚上,第七皇家坦克团的一名坦克兵正在和几个战友一起收听新闻广播。当听到广播里传来"我们认为

第1章 来自埃及的反击

这肯定是我威名赫赫的骑兵部队带头发起的突击战"的声音时,这个坦克兵气得狠狠踹了收音机一脚,骂道:"你要是不当个什么殖民地兵、黑人兵或者骑兵,就别想在战斗中留名!"纵观战史,还没有哪支部队能像第七皇家坦克团一样在西迪拜拉尼、巴尔迪亚和图卜鲁格一系列胜仗中都起到决定性作用。因此,这名坦克兵听了这样的新闻心生恶感也在情理之中。

在进入昔兰尼加时,英军遇到了阻碍。即便如此,英军也保持了较快的进攻速度,这是可圈可点的。原本应该拨给理查德·奥康纳的一些增援部队、运输载具和飞机都被英军高层扣留在了埃及。英军高层甚至从理查德·奥康纳的麾下抽走了若干部队——这都是为了让丘吉尔实现他脑海中的一个新目标。丘吉尔努力地回忆着自己在第一次世界大战中干过的那些铤而走险的举动,当他受到希腊人奋起抵抗意大利侵略的激励时,忽然想到英国大可以在巴尔干半岛各国之间建立一个强大的反德联合组织。这个组织若能促成当然是好事,但这是不切实际的:战斗力"原始"的巴尔干诸国军队根本无法和强大的德国空军及坦克抗衡。即使英国给予增援,也不过是杯水车薪。

1941年1月初,丘吉尔决定迫使希腊政府接受一支配备英国坦克及火炮的特遣队在萨洛尼卡登陆,并且命令由阿奇博尔德·韦维尔爵士立刻组建一支这样的部队,哪怕削弱理查德·奥康纳的兵力也在所不惜。

但当时希腊政府的实际领导人扬尼斯·梅塔克萨斯将军以"英国特遣队的到来会增加德军侵略希腊的危险,而力量又不足以抵挡德军入侵"为理由拒绝了丘吉尔的提议。希腊陆军司令亚

非洲沙漠剑影：隆美尔与蒙哥马利的较量

历山德罗斯·帕帕戈斯也建议英军与其分散力量开展新行动，不如集中精力先解决非洲的战事。

希腊政府提出婉拒与理查德·奥康纳占领图卜鲁格恰巧是在同一天。英国政府因此同意理查德·奥康纳率军继续进攻，占领班加西。英军若占领了班加西，就能完全控制意属北非东部的昔兰尼加。然而，英国首相丘吉尔仍然沉浸在"巴尔干反德联盟"的美梦里。他告诉阿奇博尔德·韦维尔爵士，不要给理查德·奥康纳援兵，因为这样会削弱正在巴尔干半岛组建的与德军作战的英军的实力。

在获准继续进攻之后，理查德·奥康纳用麾下较少的兵力再次取得了极其辉煌的战果。此时，他麾下的机动部队第七装甲师只剩下五十辆装甲不厚的巡洋坦克[①]和九十五辆装甲薄弱、火炮穿甲能力不强的轻型坦克了。理查德·奥康纳发现，意大利军队驻扎在滨海公路沿途的德尔纳，便计划在更多的补给和巡洋坦克到来后以侧翼包抄的方式打败意大利军队。如果补充的物资能及时到达，理查德·奥康纳就能在1941年2月12日发起进攻。

但空中侦察显示，1941年2月3日，意大利军队准备放弃班加西，并撤退至阿盖拉这个咽喉地带。大批意大利部队已经动身。一旦意大利军队撤退至阿盖拉，就堵住了英军进入昔兰尼加和的黎波里塔尼亚的道路。

理查德·奥康纳当机立断，敲定了大胆追击意大利军队的计

[①] 英国曾一度将坦克分为速度较慢、装甲厚重并用于随步兵作战的"步兵坦克"和速度较快、火力较猛但装甲偏薄且常用于机动作战的"巡洋坦克"两类。——译者注

第1章 来自埃及的反击

划。他只动用了消耗严重的第七装甲师,由迈克尔·克雷将军指挥,穿越沙漠,赶赴位于班加西大后方的滨海公路。第七装甲师从梅基利基地出发,要行军一百五十英里。其中第一段长路还要穿过非常崎岖的地区。英军仅携带了两天的口粮,汽油也只勉强够用,真可谓是军事史上最大胆的冒险和最无暇喘息的竞速。

1941年2月4日8时30分,第七装甲师的约翰·康特第四装甲旅出发,由第十一轻骑兵团的装甲车打头阵。而第七装甲师的另一个旅——第七装甲旅已经被削弱到仅剩一个单位,即第一皇家坦克团。正午时分,空中侦察报告带来坏消息:意大利军队已经撤退至班加西南部。为了加快拦截进度,迈克尔·克雷命令约翰·康特组建一支由摩托化部队和炮兵部队组成的全摩托化特遣队,配合约翰·库姆的第十一轻骑兵团一起行动。然而,约翰·康特表示反对,因为这意味着要从英军的后卫部队中抽调这些部队,并为其配置专门的运输队和信号兵,这会导致部队追击的延误和混乱。另外,在2月4日下午途经的崎岖道路中,坦克部队比轮式部队行进的速度要快。约翰·康特趁着夜色一直指挥部队行军到午夜才停下来,并让士兵们休息了几个小时。

1941年2月5日早晨,英军面前的路况有所改善,"约翰·库姆第十一轻骑兵团"前进的速度开始加快。英军于下午在贝达富姆开始建立阵地,却将意大利军队的两条退路封死了。晚上,英军就诱捕了一队惊慌失措的意大利炮兵,还遇到一伙当地逃难的平民。

紧跟在"约翰·库姆第十一轻骑兵团"身后的约翰·康特的机动部队在1941年2月5日17时左右也已经开到了意大利军队逃离贝达富姆的退路上,并且在天黑之前击溃了意大利军队一支意大

利炮兵纵队与一支意大利运输纵队，为本次进军画上了圆满的句号。英军以史无前例的速度，在三十三个小时内前进一百七十英里。沿途没有公路，地形也崎岖不平，这些客观条件令这次高速进军显得更加惊人。

1941年2月6日清晨，意大利军队在坦克的掩护下加入战场。意大利军队共有一百辆新式巡洋坦克，而约翰·康特只有二十九辆巡洋坦克。幸运的是，意大利军队没有选择集中全部巡洋坦克进攻英军阵地，而是靠近公路分批进攻。英军坦克灵活地找到发射阵地，利用地形掩护了车身。坦克交锋接二连三地进行了一天。损失最大的当数第四装甲旅的第二皇家坦克团。开战时，第二皇家坦克团上午有十九辆巡洋坦克，到下午就只剩七辆了。幸运的是，第七装甲旅第一皇家坦克团及时赶到，带来十辆巡洋坦克及时增援。英国第七装甲旅的第三轻骑兵团和第四装甲旅的第七轻骑兵团还使用轻型坦克有效地干扰、威吓了意大利军队。

夜幕降临，意大利军队已经有六十辆坦克被打残。第二天早上，英军又在战场上发现了四十辆被遗弃的意大利坦克。而到这时，英军仅损失了三辆坦克。眼见承担掩护任务的坦克已经被摧毁，自己也已经"裸露"在英军的炮口之下，意大利步兵和其他兵种的官兵便大批大批地投降了。

"约翰·库姆第十一轻骑兵团"仿佛体育竞赛中的接球手，把好不容易避开英国第四装甲旅的意大利军队堵住。意大利军队试图突破防线的最后尝试发生在天亮以后。意大利军队以十六辆坦克开路，攻击"约翰·库姆第十一轻骑兵团"的后方阵地，但被英军"来复枪"旅挡住了。

第1章　来自埃及的反击

英军在贝达富姆战役中共俘虏两万人，另外缴获火炮二百一十六门、坦克一百二十辆。但约翰·康特准将和约翰·库姆中校率领的两支部队加起来只有三千人而已。1941年1月4日巴尔迪亚被攻克时，重返英国外交部担任外交大臣的艾登把丘吉尔对英国空军的致辞做了一些更改，改为"从没有这么多人为这么少的人献上那么多贡品"。这句话用于贝达富姆战役尤其恰当。①

然而，英军胜利的光辉迅速黯淡了下来。由于意大利陆帅格拉齐亚尼全军覆没，英军就拥有了一条穿过阿盖拉咽喉地带直达的黎波里的通道。然而，当理查德·奥康纳及其部队准备向的黎波里疾驰，将盘踞北非地带的轴心国军队从最后据点赶出去的时候，却还是收到了来自英国内阁的"停止前进"的命令。

1941年2月12日，丘吉尔给阿奇博尔德·韦维尔爵士发去一封长电报，表达了听闻"提前三个星期"占领班加西后的喜悦之情，随后便命令阿奇博尔德·韦维尔爵士停止进军，只留下一支小部队驻守昔兰尼加，将麾下其余部队尽可能多地派往希腊。以理查德·奥康纳的部队为例，原来供他调遣的空军部队现在几乎全被调走，只留下了一个战斗机中队。

英国高层的态度之所以来了一个一百八十度大转弯，是因为

---

① 英军战绩大多要归功于一位没有参与贝达富姆战役的人，他就是珀西·霍巴特少将。1938年，英国在埃及最早组建装甲师的时候，珀西·霍巴特被任命为指挥官，并成功将这支装甲部队的机动能力发挥到极限。但珀西·霍巴特对于"战略上不依赖正统步兵部队时装甲部队在作战时能取得什么战果"一事的主张与思想较保守的上级相左。珀西·霍巴特因自己的"邪说"加上不妥协的态度而在1939年秋被解职。但事实证明珀西·霍巴特的主张是可行的，因为德军坦克部队半年前就在采用同样的主张了。——原注

1941年1月29日希腊领导人扬尼斯·梅塔克萨斯突然去世,而希腊新任总理亚历山德罗斯·科里齐斯远没有扬尼斯·梅塔克萨斯那么强悍。丘吉尔急于抓住重启"巴尔干反德联盟"的机会,便再次向希腊政府施压。这次,希腊政府被说服了。1941年3月7日,经阿奇博尔德·韦维尔爵士同意和英国参谋长委员会与中东地区三个总司令的批准,一支由五万名英军士兵组成的特遣队在希腊登陆。

1941年4月6日,德军入侵希腊,很快就打得英军被迫开始第二次"敦刻尔克撤退"。英军险些全军覆没,只能克服极大的困难从海上撤退,还把所有坦克、大部分武器装备及一万两千名官兵丢给了德国人。

理查德·奥康纳和手下的参谋都自信地认为本来可以打下的黎波里。如果英军要进攻的黎波里,只要利用班加西作为母港,并动用一部分为英军在希腊冒险做准备的运输船即可。后来担任蒙哥马利参谋长的弗雷迪·德·甘冈将军曾透露,当时英国设在中东的联合作战计划参谋部一度确信,英军一定能在春天结束前攻下的黎波里,并将意大利军队赶出非洲。

瓦尔特·瓦尔利蒙特曾经是希特勒的主要参谋之一,根据他透露的消息显示,当时德军最高统帅部也是这么认为的。

我们不明白,为什么当时英军不趁着意军在昔兰尼加陷入困境时向的黎波里推进。当时,英军是势不可当的。留在的黎波里的少量意大利军队害怕英国坦克会随时出现,早就成惊弓之鸟了。

第1章 来自埃及的反击

1941年2月6日,也就是格拉齐亚尼的意大利部队在贝达富姆被歼灭的那一天,希特勒召见了曾经在法国战役中指挥第七装甲师立下赫赫战功的德国青年将领隆美尔,要求他指挥一支由第五轻装师和第十五装甲师组成的小规模德国机械化部队去非洲救援意大利军队。但第五轻装师要到4月中旬才能准备完毕,而第十五装甲师要等到5月底才能准备完毕。在德军漫长的准备时间里,英军在北非其实是畅行无阻的。

1941年2月12日,隆美尔乘飞机抵达的黎波里。一艘德国运输船将在两天后为隆美尔带来一个侦察营和一个反坦克营的援兵。隆美尔匆匆将德国援兵派上前线,并以德国大量生产、成本低廉的大众牌汽车为底盘迅速造好一批假坦克来为自己壮大声势。3月11日,第五轻装师这才全部到达的黎波里。

隆美尔发现英军没来主动攻打的黎波里,便认为可以利用手上的兵力先发动进攻试试。起初,他只想占领阿盖拉的咽喉地带,结果在1941年3月31日轻易做到了。于是,隆美尔便决心继续推进。他觉得,之前的假坦克影响了英军对德军兵力的判断,高估了德军的兵力。更何况,此时德军是有空中优势的,可以不让英军发现德军的陆上弱点。这导致英国空军在后面几次战役中为英军地面部队提供了一连串有误导性的报告。

从到达非洲的时机来看,隆美尔也是一个幸运儿。1941年2月底,英军把第七装甲师调回埃及休整后,竟换上没有作战经验的英国第二装甲师一部分兵力来接替,而该师的另一部分兵力则远在希腊作战。澳大利亚第六师也被调到希腊作战去了,负责接替的澳大利亚第九师不仅装备不足,训练也不充分。理查德·奥康纳也休假

了，指挥官的职务交给了没有北非作战经验的菲利普·尼姆①。

后来，阿奇博尔德·韦维尔爵士自己也承认，他当时不相信与德军即将发起进攻相关的情报。这不能怪阿奇博尔德·韦维尔爵士，他只是漏算了隆美尔这个"异类"——毕竟仅从这批德军的兵力上看，得出"德军不会发动进攻"的结论也不是没有道理的。

隆美尔不顾上级要他等到1941年5月底再行动的命令，在4月2日就命令五十辆坦克继续推进，外加两个慢悠悠地跟在坦克后面行军的意大利师。隆美尔用装甲部队的高机动性和诡计来弥补自己兵力不足的短板。由于最初的突击取得了成功，隆美尔给英军留下了很大的阴影：德军装甲部队原本只是两根相隔一百英里的"细长手指"，很快就被夸大为一对包抄英军的"利角"。

隆美尔的大胆挺进产生了不可思议的效果。英军仓促之下大乱，纷纷撤退。1941年4月3日，英军撤出班加西。值此紧要关头，理查德·奥康纳被派去担任菲利普·尼姆的顾问，但4月6日晚，两人乘坐的没有警卫护送的汽车闯进了一支德军先头部队的背后。于是，理查德·奥康纳和菲利普·尼姆被俘了。同时，一个英军装甲旅在长途撤退时几乎损失了所有坦克。4月7日，英国第二装甲师连同刚到达的一个机动旅和其他部队在梅基利被隆美尔包围后投降。隆美尔用卡车纵队在沙漠行驶扬起的漫天尘埃掩盖了德军缺乏坦克的弱点，英军看到后过高估计了德军实力，认为自己已经寡不敌众，所以便投降了。此时，意大利军队被远远

---

① 菲利普·尼姆其实也是参加过第一次世界大战和第二次世界大战、有一定经验的老将，获得过维多利亚十字勋章。他曾在1924年奥运会上赢得了金牌，是当时唯一一个有资格佩戴维多利亚勋章的奥运选手。——译者注

地甩在了后面。

截至1941年4月11日,除了被困在图卜鲁格的一支英军小部队,英军其他部队都被德军逐出了昔兰尼加,退到了埃及边境。比起理查德·奥康纳之前占领昔兰尼加的速度,隆美尔简直有过之而无不及。

如今,英军若要肃清北非的轴心国势力,就必须从头做起了。英军将要面临的困难也因隆美尔的到来而有增无减。英国人为自己放弃1941年2月的绝好机会付出了巨大的代价。

第 2 章 解放意属东非

The Conquest of Italian East Africa

第2章 解放意属东非

1940年,在墨索里尼策动下,意大利加入第二次世界大战时,该国在意属东非——1936年后新征服的埃塞俄比亚也被并入意属东非——的驻军与在意属北非的驻军一样,都比英军多。根据意大利官方记录,意大利在意属东非拥有九万一千人的"白人军"和近二十万人的地方武装。这个数据多半是掺了水的,估计地方武装的实际数字仅为官方记录的一半。1940年初,意大利参战前的几个月里,在苏丹的英军连同地方武装一共只有九千人左右,在肯尼亚还有八千五百人的英属东非军队。

在东非这片面积广阔、拥有两个主战场的战区里,意大利发动进攻的速度和在北非一样缓慢。这主要是因为意大利人心知肚明,自己不可能靠突破英国封锁,从而得到更多的燃料与军火。但这其实只是一个借口,因为供给越短缺,意大利军队就越有必要趁英军在非洲得到充分增援之前凭借强大的兵力优势消灭英军。

1940年7月初,意大利军队犹豫地从厄立特里亚出发,动用两个旅、四个骑兵团外加二十四辆坦克,共计约六千五百人的重兵,占领了位于苏丹边境以内十二英里的卡萨拉镇。把守卡萨拉镇这个前沿阵地的是苏丹国防军一个约三百人的连。而当时担任

苏丹国防军司令官的威廉·普拉特少将虽然辖地广泛，但其麾下只有分别驻扎在喀土穆、阿特巴拉和苏丹港的三个营的兵力。威廉·普拉特很理智，在没看清意大利军队入侵动向前并未贸然投入战斗。意大利军队随后又占领了几个城镇，例如离埃塞俄比亚西北边境不远的贾拉巴特和位于肯尼亚北部边境的莫亚莱等。但之后，意大利军队就停了下来，不再继续前进了。

意大利军队直到1940年8月初才发动了一场更像样的进攻，矛头直指最容易攻占的亚丁湾非洲沿岸的长条状殖民地——英属索马里兰①并且即便是如此有限的"进攻"，实际上也是出于防御的目的才发起的。其实，墨索里尼曾命令意大利军队只守不攻。但意属埃塞俄比亚总督，同时是当地意大利军队的最高指挥官奥斯塔公爵阿梅迪奥认为，法属索马里兰的吉布提港是英军进入埃塞俄比亚的"方便之门"。他也不相信之前与法国签署的停战协定。因此，阿奥斯塔公爵阿梅迪奥决心占领比邻法属索马里兰，面积却更大的英属索马里兰。

英属索马里兰防御部队下辖四个非洲营和印度营及一个尚在增援途中、来自英国的第二苏格兰高地警卫营，指挥官是阿瑟·雷金纳德·蔡特准将。意大利的进攻部队多达二十六个营，配备了火炮和坦克。但如此强大的进攻部队，竟然被一支小小的索马里兰骆驼部队拖住了。意大利军队向图格阿甘山口前进，在逼近海港首府柏培拉时，阿尔弗雷德·戈德温-奥斯汀刚好接任当

---

① 英属索马里兰（British Somaliland）亦称"索马里兰保护地"（Somaliland Protectorate）。1960年，该地从英国独立，成为索马里共和国。1969年，改名为索马里民主共和国。——译者注

第2章 解放意属东非

地英军指挥官。战斗持续了四天,守军十分顽强,意大利军队毫无进展。但苦于防守位置不利且缺乏援兵,英军最后还是乘船从海路退出了柏培拉,前往肯尼亚,加强肯尼亚正在集结的英军力量。在柏培拉战役中,意大利伤亡两千多人,但意大利当局认为这一仗"对意大利下一步行动产生了深远影响"。然而,英军在战斗中却只损失了二百五十人。

自1940年11月起,艾伦·坎宁安爵士担任驻肯尼亚英军指挥官。驻肯尼亚英军原来只有阿尔弗雷德·戈德温-奥斯汀的第十二非洲师。该师由第一南非旅、第二十二东非旅及第二十四黄金海岸旅组成。没过多久,又得到了非洲第十一师增援。

1940年秋,驻肯尼亚的英联邦军队已达七万五千人,其中南非军队两万七千人,东非军队三万三千人,西非军队九千人,英国官兵约六千人。这七万五千人组成了三个师,分别是第一南非师、第十一非洲师、第十二非洲师。英军在苏丹还拥有包括第五印度师在内的两万八千名官兵。第四印度师此时正在北非参加大败意大利军队的反击战,等战役第一阶段结束也会赶来助阵。此外,英军还有来自第四皇家坦克团的一个中队及苏丹国防军助阵。

丘吉尔认为,既然英军声势如此浩大,行动就应该比过去更加积极。因此,他一再敦促英国军队大干一场,打一场比以往或尚在计划中更加激烈的战役。中东地区总司令阿奇博尔德·韦维尔爵士同意艾伦·坎宁安提出的建议,即在第二年春天雨季结束后,也就是1941年5月或6月从肯尼亚攻进意属索马里兰。但令阿奇博尔德·韦维尔爵士备感疑虑的是,1940年11月,威廉·普拉特首次在北部前线发起进攻就遭到顽强的抵抗。指挥风格果断

的一代名将威廉·斯利姆当时还是准将,他正率领第十印度旅进攻贾拉巴特。最初进攻很顺利,但后来攻击米提玛哨所时遇到一支兵力相当的意大利殖民地旅,进攻也被其遏制。英军之所以受阻,主要是因为不听威廉·斯利姆的劝告,以"增强战斗力"的名义强加给第十印度旅一个英国营,没想到竟打了败仗。①后来发生的事情证明,在战区北部贾拉巴特的意大利部队比其他意大利部队顽强得多。

1940年冬,战场上出现的唯一乐观的情况就是D.A.桑福德准将的一些行动。D.A.桑福德是第二次世界大战爆发后重新应征入伍的退役军官,被派往埃塞俄比亚煽动贡德尔周围高原地带的一些部落酋长起义。同样在这个冬天,D.A.桑福德的行动得到了比他更加离经叛道的、指挥一个苏丹营和"基甸军"的奥德·温盖特②上尉的支持与推广。1941年1月20日,流亡海外的埃塞俄比亚皇帝海尔·塞拉西一世被奥德·温盖特用飞机接回埃塞俄比亚。三个多月后的5月5日,他与奥德·温盖特一道重返亚的斯亚贝巴。速度如此之快,连丘吉尔也没有想到。

其实,当时在丘吉尔和南非方面的史末资不断催促下,阿奇博尔德·韦维尔爵士和艾伦·坎宁安在1941年2月就从肯尼亚向意

---

① 由殖民地人组成的军队通常都因"智力低下""毫无意志"等种族偏见而被笼统地认为"战斗力差"。例如,英军要在印度师中加入英国营,就有防止印度军人在交战中一触即溃的打算。另一典型偏见出现在美军。当时,美军按照人种将连队编为黑人连和白人连,黑人连多半不能上前线杀敌,只能承担后勤、炮兵等二线任务,即使立下功劳也多半被抹杀。这样的种族偏见直到朝鲜战争才改变。——译者注
② 奥德·温盖特(1903—1944),英国非常规作战大师。"基甸军"是一个煽动当地部族武装反抗意大利殖民统治的组织。——译者注

第2章 解放意属东非

属索马里兰发动了进攻。英军意外轻易地攻克了基斯马尤港,解决了后勤供应问题。接着,艾伦·坎宁安的部队越过朱巴河,用了不到一周时间挺进大约二百五十英里后,于2月25日到达并占领了意属索马里兰的首府摩加迪沙。摩加迪沙也是个较大的港口。英军在这里缴获了大量车用燃料及航空用燃料。无论是在摩加迪沙,还是之前的基斯马尤,英军的进攻都是神速的。意大利军队来不及在撤退前搞破坏,它们就被英军占领了。当然,地面部队得到空军良好的配合也是英军进攻速度极快的一个重要因素。

艾伦·坎宁安的部队接着转向了内陆,开始深入埃塞俄比亚南部。1941年3月17日,第十一非洲师行军四百英里后占领了哈勒尔旁边的吉吉加。英军现在的位置正靠近英属索马里兰从前的边境,而一支来自亚丁的小规模英军部队也已经于3月16日在那登陆。3月29日,艾伦·坎宁安的部队在击退一些更激烈的抵抗后,先占领了哈勒尔,然后转而向哈勒尔以西三百英里外的埃塞俄比亚首都亚的斯亚贝巴挺进,并在一周后,即1941年4月6日,占领了亚的斯亚贝巴。一个月后,奥德·温盖特将护送埃塞俄比亚皇帝海尔·塞拉西一世回到自己的首都亚的斯亚贝巴。大批的意大利士兵之所以愿意投降,是因为他们听说了埃塞俄比亚地方武装对当地意大利妇女施暴。

然而,在战场北部,意大利军队的抵抗就如同冲突刚开始一般,比其他地区都激烈。意大利将军路易吉·弗鲁希坐镇指挥,一万七千名意大利将士装备齐全。这支意大利军队被部署在厄立特里亚前线,其后方还有三个师以上的兵力。威廉·普拉特将军从1941年1月的第三个星期开始指挥第四印度师和第五印度师进攻

意大利军队。奥斯塔公爵阿梅迪奥早就命令厄立特里亚的意大利军队在英军进攻前撤退了。英军遇到的第一次真正意义上的抵抗出现在卡萨拉以东六十英里、离厄立特里亚边境四十英里的克鲁。

印度师的两个进攻纵队在分别位于克鲁以东四十英里的巴伦图和以东七十英里的阿科达特遭到更顽强的抵抗。幸亏诺埃尔·贝雷斯福德-皮尔斯将军率领的第四印度师先到达了较远的目的地,才让第五印度师对巴伦图的进攻变得容易一些。

这样一来,阿奇博尔德·韦维尔爵士意识到,继续扩大战果、全部占领整个厄立特里亚也是做得到的。因此,他便向威廉·普拉特下达了新的命令。但厄立特里亚首府阿斯马拉离阿科达特还有一百多英里,而距离马萨瓦港更远;位于阿斯马拉和阿科达特之间的克伦山要塞又是东非最坚固要塞之一,同时是通往阿斯马拉和马萨瓦的意大利海军基地的必经之地。

1941年2月3日,英军在克伦山进行了第一次武力开道的尝试,结果失败了。意大利守军指挥官尼科朗基洛·卡尔尼梅奥将军表现出一流的战斗意志和战术技巧。英军奋战一周后终于暂时放弃进攻,前线一度平静了很长一段时间。3月中旬,英军与调来准备参战的第五印度师再次进攻。意大利军队又打了一场持久战,并且通过一系列反击再度打退了英军。后来,英国第四皇家坦克团的一个重装甲步兵坦克中队在3月27日终于冲破了封锁,突破了意大利军队的防线——之前第七皇家坦克团在从西迪拜拉尼到图卜鲁格的一系列战役中稳操胜券,同样是因为坦克的强大突防能力。

经过五十三天浴血奋战,克伦山战役终于以英军坦克突破意大利军队防线告终。路易吉·弗鲁希将军率部向南退至埃塞俄比

第2章 解放意属东非

亚境内。1941年4月1日，英军占领了阿斯马拉，然后挥师向东，直击五十英里外的马萨瓦。经过战斗，4月8日，马萨瓦的意大利军队投降。至此，厄立特里亚战役宣告结束。

与此同时，奥斯塔公爵阿梅迪奥率领残部向南退入埃塞俄比亚，准备在阿斯马拉以南八十英里的阿姆巴阿拉齐建立最后据点。意大利军队只剩下最后七千名官兵、四十门大炮，补给也只能维持三个月。在听到埃塞俄比亚人对待战俘的方式后，意大利军队士气更加低落。奥斯塔公爵阿梅迪奥固然是一个勇敢的军人，但在如此处境之下，也甘愿"体面地投降"。1941年5月19日，奥斯塔公爵阿梅迪奥最终率部投降。此时，已经有二十三万名意大利官兵成为英军的俘虏。意大利人在埃塞俄比亚还剩下两支孤军：一支在埃塞俄比亚西南部，指挥官是彼得罗·加泽拉将军；另一支在埃塞俄比亚西部的贡德尔，指挥官是古列尔莫·纳西将军。这两支意大利军队分别在1941年夏季与秋季被包围后放弃抵抗，为墨索里尼短命的"非洲帝国"画上了句号。

第 3 章 隆美尔进入北非

Rommel's Entry into Africa

第3章 隆美尔进入北非

1941年，非洲战场上出现了一系列战争双方意料之外的重大转折，但胜负始终未分。战争双方看似是在打快节奏的"运动战"，实际上是在打"拉锯战"。1941年初，英军将意大利军队赶出了昔兰尼加。随即，隆美尔就率领一支德军到达非洲战场。之后才过了两个月时间，英军就基本上被赶出了昔兰尼加（只在图卜鲁格港口保留了一个小小的据点）。隆美尔对图卜鲁格连续发动两次进攻都被击退，但英军自己发起的两次救援行动也未成功。双方重整旗鼓，休整五个月后，又在11月展开一场耗时一个月、规模更大、互有胜负的拉锯战。最后，此战以疲惫不堪的德军残余力量退守昔兰尼加西界而告终。即便如此，隆美尔还是在1941年的最后一个星期于边境线上又发动一次反击——这成了英军再次遭遇失败的一个征兆。

早在1941年3月底隆美尔的军队长驱直入时，英军没有料到德军这么早就能发动进攻，一时深受震动。3月2日，阿奇博尔德·韦维尔爵士给伦敦的参谋长委员会送去了一份报告。他在报告中警告德军已到的黎波里，并强调德军至少要集结两个师的兵力才有大举进攻的资本，最后断言：由于面临重重困难，德军不

太可能在1941年夏末秋初发动一次"大规模进攻"。与阿奇博尔德·韦维尔爵士的推断截然不同的是,丘吉尔担心德军可能不会等到一切准备就绪,就会直接动手。他虽然深深觉得英军有发起进一步攻击的必要,但对英军的能力过分乐观了。1941年3月26日,在致阿奇博尔德·韦维尔爵士的电报中,丘吉尔写下了如下内容。

>我们担心德军迅速进犯阿盖拉,因为德军总是会占领一切对其进攻不做抵抗的地方。我认为,你只是在等这帮德国乌龟的头伸长了再砍,但让其在被彻底打败前感受一下我军的强大也是极其必要的。①

但非洲战场的英军战术素养不高,只是稍占数量优势而已。英军第二装甲师虽然历经苦战,战斗力被削弱,但仍有三个可以作战的装甲单位,而隆美尔只有两个。英军"装炮坦克"②的数量也占优势。但装炮坦克大部分是在之前的战斗中被英军坦克手缴获的意大利M13型坦克。它们都被用来填补在之前战斗中损失的英军巡洋坦克的空缺了。这些意大利坦克此时也被消耗得差不多了。由于阿奇博尔德·韦维尔爵士下达了"遭到攻击就边打边撤,迟滞敌人进攻速度"的命令,"七拼八凑"的英军获胜的希望就更加渺茫了。1941年3月31日,英军在隆美尔的军队刚开始进

---

① 丘吉尔:《第二次世界大战回忆录》,第3卷,第178页。——原注
② 坦克在诞生之初不是全部装备火炮,有些只装备了机枪。——译者注

第3章 隆美尔进入北非

攻时就匆匆放弃了阿盖拉东面的咽喉要地。

挡在隆美尔军队进入宽阔沙漠道路前的大门就这样被打开了。隆美尔从此便可以自由选择进攻路线和目标，一时令英军手忙脚乱。英军根本应付不了这种快节奏的进攻，疲于奔命，阵脚大乱。几天之内，隆美尔没有给英军任何喘息的机会，而英军则损失了大部分坦克。这些坦克绝大部分其实并不是在战斗中损失的，而是在节节败退中因燃料耗尽或机械故障而不得不放弃的。

同德军开战还不到一个星期，英军就从昔兰尼加西部边界的阵地往后败退了二百多英里。第二个星期，英军后退了大约四百英里，退到了昔兰尼加东部边界，也就是埃及的西部边界，只剩下一支孤军①被困在图卜鲁格。英军决定死守图卜鲁格，将它变成德国人的"肉中刺"。这对之后一年整个非洲战局都有着深远的影响。

英军前线官兵因兵败如山倒的形势而士气大减，还开始夸大德军的战斗力。不过，如果身处较远的地方观望战场，其实不难发现德军有限的力量暴露出的战略弱点。远在伦敦的丘吉尔对此看得很清楚。他在1941年4月7日给阿奇博尔德·韦维尔爵士发去了一封这样的电报：

> 你肯定能守住图卜鲁格。意大利人在图卜鲁格修筑了只有重炮才能对付的永久工事，因此我军至少能坚持到德军调来重炮部队增援之前。目前看来，德军在数周之内都

---

① 这支孤军是著名的澳大利亚第九师。——译者注

很难往你处部署这样的炮兵部队。由于我军能从海路增援并威胁德军的交通线,德军既要围困图卜鲁格又要进攻埃及是要冒很大风险的。因此,我认为,我们应该死守图卜鲁格不退。我还想就此事听听你的看法。①

阿奇博尔德·韦维尔爵士已经做好了尽量固守图卜鲁格的准备。但1941年4月8日从开罗飞到图卜鲁格视察后,他报告说图卜鲁格战况不乐观——他似乎没有守住这里的信心。因此,丘吉尔与参谋长委员会密谈后起草了一份"'放弃图卜鲁格'的想法简直不可思议"的强硬电报"警告"阿奇博尔德·韦维尔爵士。但电报还没来得及发出去,阿奇博尔德·韦维尔爵士就再次报告,说他准备暂时固守,并要在边境集结一支机动部队来牵制敌人,减轻前线的压力。同时,英军会尽力在后方两百英里的马特鲁港依照原计划布防。多亏图卜鲁格的守军死战不退,前线的英军才没有被迫继续后撤,只是图卜鲁格直到八个月后才正式解围。

坚守图卜鲁格要塞的大多是从班加西安全撤出的澳大利亚第九师官兵,指挥官是莱斯利·莫斯黑德将军。此外,隶属澳大利亚第七师的第十八步兵旅从海上赶来增援。随后,第一皇家坦克团、第七皇家坦克团派出的五十多辆坦克也赶来增援。守军用这些坦克组成了一支装甲小分队。

1941年4月11日,耶稣受难日,隆美尔的进攻正式打响。一开始德军发动的只是一些试探性进攻,主攻则在复活节后的星期

---

① 丘吉尔:《第二次世界大战回忆录》,第3卷,第183页。——原注

第3章 隆美尔进入北非

一正式开始。主攻一开始,德军便大举进攻,目标是图卜鲁格港外约九英里处,也就是英军三十英里环形防线的南侧中心地带。德军先是突破了一些薄弱的防御工事,作为先锋的德军装甲营北进了两英里,但遭到守军的炮火阻击,费了很大劲才从狭窄又孤立的占领区退出来,损失了投入的三十八辆坦克中的十六辆。从这个投入战斗的坦克数字中不难看出隆美尔的兵力有多弱。4月16日,意大利军队的进攻也很快就被瓦解。澳大利亚第九师以一个营的兵力反击,而意大利军队竟有近千人因此投降。

远在罗马的意大利最高统帅部早就对隆美尔率军深入英军腹地深感不安,竟然请求德国最高统帅部对隆美尔的主动"冒险"和"入侵埃及"的企图加以约束。当时,德军正准备入侵苏联,为了不削弱德军在欧洲主要战场的兵力,德军总参谋长弗朗茨·哈尔德急于抑制一切海外作战的增援请求。恰好弗朗茨·哈尔德并不喜欢隆美尔这种深受希特勒青睐却又不按照德军总参谋部方案作战的悍将。因此,弗朗茨·哈尔德决定派副手弗里德里希·保卢斯将军赶赴非洲"阻止那个军人发疯"[①]。弗里德里希·保卢斯一到非洲就视察了德军,但他在对隆美尔"提出忠告"后立刻批准隆美尔重新对图卜鲁格发动攻势。

1941年4月30日,德军的进攻再次开始。德国第十五装甲师的先遣部队(它的坦克团还没到)也从欧洲战场赶来支援第五轻装师。德军企图趁着夜色占领英军阵地的西南角。5月1日拂晓,德军步兵已经在英军阵地上打开了一道宽达一英里多的缺口,德

---

① 这是弗朗茨·哈尔德日记中的字眼,实际就是指隆美尔。——译者注

国坦克先头部队也如潮水般涌向了十英里外的图卜鲁格。但德国坦克刚前进了一英里就落入了英军新设的地雷阵中，四十辆德国坦克中的十七辆被炸瘫了。不过，德军冒着英军的炮火抢修坦克履带，最后除五辆坦克外，其余皆安全返回。而第二批德国坦克和步兵则沿着环形防线的背面转到防线东南，从侧面攻击英军阵地。但这部分德军旋即遭到英军部署在雷区后面的火炮攻击。加上二十辆英军坦克和几个先前没能占领的澳大利亚第九师据点的拼命抵抗，德军终究没能前进一步。而负责"接应"的意大利军队可以用"来得慢、退得快"来形容。

1941年5月2日，最初有七十多辆坦克的德军只剩三十五辆坦克可以继续作战，于是不得不停止进攻。5月3日晚上，莱斯利·莫斯黑德将军调动作为预备队的步兵旅发动反攻，却铩羽而归。攻守双方形成了两败俱伤的态势。隆美尔仍然控制着环形工事的西南角，但他的兵力已不允许他再夺取图卜鲁格。弗里德里希·保卢斯回国前做出了不准德军再次进攻的决定。于是，德军实际上对图卜鲁格形成了包围态势，并一直持续到1941年底。此前，阿奇博尔德·韦维尔爵士曾两次试图打退隆美尔的军队，救援被围英军，均告失败。

阿奇博尔德·韦维尔发动的第一次救援行动是1941年5月中旬的"简短行动"。其实从名字就能看出这次行动的试探性了。不过，英军对1941年6月中旬代号为"战斧行动"的第二次救援行动投入很大，并且寄予厚望。

阿奇博尔德·韦维尔爵士为了打赢这场战斗，参照了丘吉尔的建议，冒了不少风险。首先，希特勒此时还没有下令进攻苏

第3章 隆美尔进入北非

联,丘吉尔不顾当时保卫英国本土的英军压力很大、装备很差的现状,仍要调用最好的军事资源给非洲战场;其次,丘吉尔不顾遭到德国空军攻击的风险也要让英军经地中海航线调兵。即便这些风险都冒了,英军最后还是得不偿失。

丘吉尔敢冒这么大的风险,其实就是想在非洲取得一次胜利并保住英国在埃及的地位。希特勒和弗朗茨·哈尔德的态度则正好与之相反:德国高层都想减少德国在非洲战场上的负担。1941年10月,威廉·冯·托马将军奉命视察昔兰尼加,得出了"占领埃及只需四个装甲师"的结论。然而,墨索里尼不愿意接受"四个德国装甲师"的增援,希特勒也不愿意向非洲提供这么多装甲师的兵力。隆美尔和他的两个师还是因希特勒眼见意大利军队撑不住,为了保住的黎波里才勉强派来的。现在,隆美尔用如此少的兵力发挥了巨大威力,只要再给他点增援,说不定就能取胜了。然而,希特勒和弗朗茨·哈尔德就是不肯松口。希特勒拒不增兵,导致隆美尔无法趁英军兵力虚弱的时候占领埃及并将英军赶出地中海。后来,德军为此承受了更大的负担与损失。

即便此时英国尚缺少装备,也还是在1941年4月集结起了一支装甲大军作为增援北非的部队,并准备走海路增援埃及。船队将要起航的4月20日,阿奇博尔德·韦维尔爵士发来电报称,形势越来越严峻,请求更多装甲部队增援。丘吉尔据此电报随即提出

建议①，并说服参谋长委员会同意。丘吉尔建议五艘装载这些战车的快船应从直布罗陀海峡一路向东，走地中海捷径，这样能缩短近六个星期的运输时间。他还坚持扩大增援力度，包括再给守卫埃及的英军提供一百辆最新的巡洋坦克。但当时陆军总参谋长约翰·迪尔反对在英国本土即将面临德军春季入侵的时候从本就单薄的本土防御力量中抽调一支如此庞大的军队去埃及。

从英国本土运兵去埃及的"老虎行动"是1941年1月德国空军出没于地中海上空以来英军首次试图经地中海运兵的计划。多亏当时浓雾弥漫的天气，英军船队才顺利通过。虽然一艘载有五十七辆坦克的运输船在经过西西里海峡时触雷沉没，但其余四艘还是在1941年5月12日安全抵达亚历山大港，这一下就为北非英军带来了一百三十五辆"玛蒂尔达"坦克、八十二辆巡洋坦克、二十一辆轻型坦克，比阿奇博尔德·韦维尔爵士自己为了保卫埃及拼凑出来的坦克总数还多三倍。

不过，阿奇博尔德·韦维尔爵士并没有一味靠援助行事。他决定趁隆美尔在图卜鲁格进攻受挫、"补给严重匮乏"（据情报显示）的当口，把集结在边境的杂牌军先交给威廉·戈特准将指挥，由威廉·戈特准将先对德军做试探性进攻，也就是执行所谓的"简短行动"。阿奇博尔德·韦维尔爵士打算先收复德军防御力量薄弱的靠近海岸的边缘阵地，在德军援军赶到前出其不意地

---

① 当天，丘吉尔在给参谋长委员会的私人备忘录中写道："中东战局，苏伊士运河的得失，我军在埃及集结的大军，以及借红海与美国合作的希望之存废，可能都在这几百辆装甲战车上了。因此，只要有可能，无论如何也要把它们送过去。"——原注

第3章 隆美尔进入北非

消灭这里的守军。就像他在1941年5月13日给丘吉尔发送的电报中说的那样，"一旦得手，就考虑立刻让威廉·戈特准将与图卜鲁格守军配合，把德军赶到图卜鲁格以西"。

英军调来配备二十九辆保养过的老式巡洋坦克的第二皇家坦克团和配备二十六辆装甲较厚但速度较慢的"玛蒂尔达"坦克的第四皇家坦克团作为威廉·戈特准将麾下的进攻力量。第二皇家坦克团和担负支援的摩托化步兵部队及炮兵部队绕过设防阵地的沙漠一侧，直奔西迪阿齐兹，目标是堵住德军的增援通道和退路。第四皇家坦克团协同摩托化的第二十二禁卫旅发动了正面进攻。

经过长达三十英里的夜间行军后，英军于1941年5月15日凌晨发动突袭，以损毁七辆"玛蒂尔达"坦克为代价占领了哈法雅山口的意大利据点，抓获数百名战俘。随后，韦德井和穆赛德两个据点相继被英军攻占。但当英军杀奔卡普佐要塞时，德军已经从惊恐中恢复了过来。德军调来一支部队，从英军侧翼杀入，打乱了英军攻势。与此同时，英军迂回西迪阿齐兹的行动也因惧怕德军反攻而告吹。驻守在埃及与利比亚边境的德军指挥官似乎因这次的攻势而深感震惊，也开始下令从这里撤退。

夜幕降临，交战双方都开始后撤，但隆美尔很快就下令德军停止撤退——他正从图卜鲁格匆忙调来一个装甲营。威廉·戈特准将已经决定撤到哈法雅——而此前在接到统帅部下令原地坚守前，他的部队已经在撤退了。天一亮，德军发现战场上竟空无一人，立刻便安心不少——因为赶来增援的装甲营燃料耗尽，傍晚燃料送到后才能继续开动。

英军继续撤退，只留下一支小部队驻守哈法雅。1941年5月27

日,德军立刻利用毫无掩护的地形发动突然袭击,围攻并重占了哈法雅山口。这是德军的重大胜利。英军之后更猛烈的"战斧行动"因此受阻。隆美尔还利用作战间隙把几门八十八毫米高射炮改为平射反坦克炮①,在哈法雅山口和其他几个地方还设置了一些反坦克陷阱。

改炮虽然只是一个应急措施,但对接下来胜败的确至关重要。当时,德军装备的近三分之二反坦克炮都是第二次世界大战爆发五年前生产的老式三十七毫米炮,性能比英军坦克的二磅②炮及反坦克炮还差,对装甲较薄的英国巡洋坦克都造成不了什么伤害,更不要说"玛蒂尔达"坦克了。虽然隆美尔当时拥有五十多门新式五十毫米反坦克炮,但它们只能在很近的距离才能击穿"玛蒂尔达"坦克的正面装甲。然而,轮动牵引的八十八毫米炮能在两千码之外击穿"玛蒂尔达"坦克厚达七十七毫米的前装甲。隆美尔把仅有的十二门八十八毫米炮以四门为一组,尽量配属到英军在进攻时要优先进攻的目标地点:一组部署在哈法雅山口,一组部署在哈菲德山脊上。

隆美尔应该庆幸自己做了这样的决定,因为如果英军发起进攻,德军将在多方面陷入不利境地,特别是在沙漠战中最重要的

---

① 隆美尔在法国作战时就曾这么做过。高射炮反坦克装甲车辆不是隆美尔的首创,但确实十分有效,特别是当时坦克的装甲尚不是特别坚固、防御手段还不是特别完善的时候。后来,在战场上发挥巨大威力的德国虎式坦克装备的八十八毫米炮就是高射炮改装而来的。——译者注

② 磅是英国对炮的分类方式。英国按照炮弹重量来区分炮的口径,一般二磅炮口径约为三十七毫米,六磅炮口径约为五十七毫米,十七磅炮口径约为七十六毫米,二十五磅炮口径约为八十八毫米。——译者注

第3章 隆美尔进入北非

坦克方面。德国始终没有给隆美尔增援过坦克。而战斗刚刚打响时，隆美尔手上装有火炮的坦克也不过一百辆，大半还用于围困图卜鲁格。再加上先前"老虎行动"的船队一到，英国坦克与德国坦克的数量比一下就扩大到四比一。因此，英军能否战胜，关键在于能否抢在隆美尔调来围困图卜鲁格的第五装甲团前打垮埃及与利比亚边境的德军。

不幸的是，英军不但错误地把进攻计划的基础建立在步兵上，还把各种不同形制的坦克混编在一起，既增加了对自己的不利因素，也白白浪费了已有的坦克数量优势。

"老虎行动"的船队带来的两百多辆坦克原本足够阿奇博尔德·韦维尔爵士为新一次进攻拼凑出两个装甲旅。然而，"简短行动"结束后，英军剩余的坦克不多了，只能为每个旅配备标准规模三分之二，也就是只够装备每个旅三个坦克团中的两个。①此外，新到的巡洋坦克总共只够装备一个团，而之前剩下的老式巡洋坦克只能装备两个团。另一个装甲旅的两个团用的都是"玛蒂尔达"步兵坦克。步兵坦克又很大程度影响了英军司令部决策——英军计划在开战时先不集中坦克打垮前方的德军装甲部队，而是协助步兵正面进攻德军阵地。英军这个决定给后续的行动带来了致命的后果。

---

① 前面提过丘吉尔力主再派一百辆坦克就是为了给这些装甲旅补上"第三个团"的坦克缺额的，但英国海洋军事部实在不愿再冒险了。丘吉尔在回忆录中沉痛地回忆道："我本不会在征求内阁同意时畏缩不前，但阿奇博尔德·韦维尔爵士非但不继续坚持此事，反倒站在了对立面——他这是在拆我的台啊！"（《第二次世界大战回忆录》，第3卷，第223页）因此，英国运输船队只好绕道好望角，直到1941年7月初才到达苏伊士。——原注

丘吉尔给"战斧行动"定了一个雄心勃勃的大目标：首先，英军要在北非取得一次关键的"大胜"；其次，要把隆美尔的军队彻底"消灭"掉。谨慎的阿奇博尔德·韦维尔爵士不相信能做到这样的程度，但还是说了希望能"最终将敌人赶回图卜鲁格以西"这样的话。这也是他当时给奉命指挥进攻的西部沙漠部队指挥官诺埃尔·贝雷斯福德-皮尔斯将军的命令。

"战斧行动"由三个阶段组成：第一阶段，由配备"玛蒂尔达"步兵坦克的第四装甲旅协助印度第四师进攻德军哈法雅—塞卢姆—卡普佐一线的防区，并以第七装甲师余部掩护沙漠一边的侧翼；第二阶段，由第七装甲师的两个装甲旅开赴图卜鲁格解救当地被围困的守军；第三阶段，令第七装甲师与图卜鲁格守军合兵一处，从图卜鲁格向西开进。这个计划本身其实就带有注定失败的因子——英军在第一阶段派出多数装甲部队来协助步兵进攻，实际上就相当于在德军从图卜鲁格调坦克来增援主战场之前就将自己一举击败战场上的德军坦克的胜率削减了一大半。如果在埃及与利比亚边境的主战场上不能打败德军装甲部队，那么"战斧行动"的后两个阶段就很难成功。

英军部队要行军三十英里才能到达德军设在埃及与利比亚边境上的阵地。英军于1941年7月14日下午出发，并在7月15日凌晨走完了最后八英里。英军右翼进攻哈法雅山口外围阵地的战斗拉开了"战斧行动"的序幕。然而，德国守军的战备比5月时更充分了。英军规定要等天亮得足以分辨目标时才可以发动进攻，但这么做无疑丧失了进攻的突然性。原本调去支援进攻的英军火炮又陷在沙子里动弹不得，这无疑令进攻行动的失利雪上加霜。

第3章 隆美尔进入北非

1941年7月15日天明时分，作为先锋的"玛蒂尔达"坦克中队刚开始准备发起进攻，却听到坦克指挥官发回的第一个也是最后一个消息："德军正把我的坦克撕个稀烂！"后来，英军恰如其分地把隆美尔部署了四门八十八毫米反坦克炮的地方叫作"审判之路"——十三辆"玛蒂尔达"最后只有一辆侥幸脱险。

同时，英军中路纵队由一个团的"玛蒂尔达"坦克做先锋，穿过沙漠高地，向卡普佐要塞开进。由于没有八十八毫米炮协防，德国守军很快就垮了。英军攻克卡普佐之后，又在1941年7月15日天黑以前击退了德军两轮反攻。

但英军以坦克旅打头的左路纵队在试图从侧翼包抄德军时不幸落入了隆美尔用八十八毫米反坦克炮布下的陷阱。英军在1941年7月15日傍晚重新发起了进攻，结果在陷阱中损失更大，越陷越深。此时，先前围堵图卜鲁格的德军装甲部队大部已经到位，随后从侧翼发起反击，迫使英军余部慢慢撤回埃及与利比亚边境。

英军坦克在进攻开始的第一天，也就是1941年7月15日夜幕降临时就已经损失过半了。这些损失主要是两个八十八毫米反坦克炮阵地造成的。而隆美尔的坦克部队非但没受到什么损失，反倒因围困图卜鲁格的装甲部队的抵达而在坦克数量上占了优势。

1941年7月16日，隆美尔先发制人，将从图卜鲁格调来的第五轻装师全部用来包围身陷沙漠之中的英军左翼，同时派出第十五装甲师猛攻卡普佐。但英军凭借精心挑选的隐蔽阵地把德军打退了。不过，德军从正面、侧翼两路发起的联合进攻打乱了英军重新进攻的计划。夜幕再次降临，德军包围英军的进展开始令英军渐渐感到不安。

非洲沙漠剑影：隆美尔与蒙哥马利的较量

1941年7月17日凌晨，隆美尔抓住机会，把所有机动部队都集中到沙漠一侧。他打算发动秋风扫落叶式的进攻，把英军赶回哈法雅山口，并一举切断英军的退路。7月17日上午，德军对英军的威胁已经很明显了，英军主官匆忙商量了一下便命令全军后撤。占领卡普佐的英军可以说是九死一生。英军坦克部队的奋勇抵抗给乘卡车撤退的步兵赢得了宝贵的时间。7月18日早晨，英军已后退三十英里，实际上回到了进攻发起前的原点。

"战斧行动"历时三天，英军人员损失不大，仅有不到一千人阵亡或失踪。而德军的伤亡数字也与之相仿。不过，英军损失坦克多达九十一辆，而德军仅损失十二辆。由于撤退仓促，英军被迫丢弃了很多只是出现机械故障，花点时间就可以修好的坦克；而德军则因为控制了战场，便把大部分损坏坦克都修好了。两军坦克损失的数字如此不成比例，恰是寄予"战斧行动"的一切殷切希望和远大目标都没有实现的有力证明。

发生在图卜鲁格的防守战与"简短行动""战斧行动"两次军事行动都是人类战争战术趋势的一个转折点。自1939年9月第二次世界大战爆发以来，德军用装甲部队快速进攻，在几个战场上都取得了横扫敌军的胜利。此前曾在19世纪后半叶和第一次世界大战中盛行的堑壕防御战不堪一击。因此，现在无论是军界强人还是市井小民，都认为防御作战"弱不禁风"了。他们开始相信，只要是进攻作战就一定可以胜利。然而，"战斧行动"又表明，正如图卜鲁格发生的战斗和"简短行动"所预示的那样，如果防御方对新式武器的性能有足够了解且指挥得当，那么即便是在空旷的北非沙漠，防御作战也可以发挥很大的作用。从此以

第3章 隆美尔进入北非

后,人们随着战争的持续和经验的积累越发清楚地意识到,以机动形式进行的防御战已经开始像它在第一次世界大战时一样重现辉煌。相对地,进攻方若要取胜,除了靠压倒性的人员优势或者极高明的战术素养打破双方的力量天平,别无他法。

可惜,人们对"战斧行动"积累的宝贵经验要么错解误解,要么视而不见。因此,英军根本不可能在下一次进攻中打垮隆美尔并肃清北非德军。最关键的一点是,英军高级指挥部在总结中忽略的最重要一点就是德国八十八毫米炮在防御作战中起到的作用——直到1941年秋,他们发现自己的坦克遭到这种火炮攻击损失惨重后才真正开始重视这种他们此前根本不相信正在被用于反坦克作战的武器。但他们即便"相信"了,还是固执地认为这么笨重的火炮只有在固定炮位才可以使用。因此根本不用指望这些英国军官在下一次进攻时能预见到并很好地应对隆美尔的"机动八十八毫米高射炮反坦克防御战术"。

英军作战部队和高级指挥官忽视的另一个重大的发展是:德军开始将反坦克炮和坦克日益大胆地结合起来并应用于各种攻防作战中。在后来的战争中,"反坦克炮加坦克"的组合竟成为德军地面作战胜败的主要决定因素——比八十八毫米炮的影响还要大。然而,从分析来看,英军坦克遭受的不成比例损失似乎主要是部署在德军坦克前方有掩护的深沟里的那些小巧灵便的五十毫米反坦克炮造成的。英军坦克手当然搞不清楚自己的坦克到底是被对方坦克还是反坦克炮击毁的,因此难免以为自己第一眼看见的敌人就是击毁己方坦克的"杀手"。如此谬论导致英军坦克兵误以为自己的坦克在各方面性能都不如德军,从而丧尽信心。

我们在回顾1941年夏季英军在北非的战局时，除了上述"忽略"的几点，还错解了一个对英军下一次进攻造成严重影响的要点。阿奇博尔德·韦维尔爵士在"战斧行动"结束三个月后草拟的文件中这样总结："我军失败的主因无疑在于巡洋坦克和步兵坦克之间配合困难……"但实际上，他从没有主动这么干过，更别说对这种搭配的可能性进行什么测试了。阿奇博尔德·韦维尔爵士从最开始就把两个"玛蒂尔达"团抽调出来交给步兵师师长指挥，并在"战斧行动"中始终揪着这两个团不放——原本第一阶段结束后他就该下放这两个团的指挥权。如果这些坦克之间能够灵活配合，它们就能在坦克作战中发挥巡洋坦克进攻"支撑点"的重要作用。事实证明，"玛蒂尔达"和A10巡洋坦克的速度差别很小，在第一次利比亚战役和"战斧行动"中，"玛蒂尔达"都和速度较快的巡洋坦克很好地配合过。而德军在这次及后面的战斗中同样具备把各种和英军各型坦克速度差不多的坦克配合起来使用的能力。

不幸的是，英军不经过试验就认为这种配合过于困难，从而执意把巡洋坦克单位和步兵坦克单位分开独立使用，这导致后来英军陷入两股人马各自为战的困局。

第 4 章 『十字军』
'Crusader'

第4章 "十字军"

上一章中发生在1941年仲夏的战斗,是英军寄希望以一场决定性胜利将纳粹彻底赶出非洲大陆才发动的,而它的失败又让丘吉尔更加急不可耐地意欲达成这个目标。丘吉尔的军事顾问们认为,英国本土防御是最重要的,除了本土,只有重点保卫远东,特别是新加坡才是长远之计,而第三重要的才是中东。然而,丘吉尔竟不顾军事顾问们的劝阻,源源不断把援兵派到埃及。英国陆军总参谋长约翰·迪尔试图提醒丘吉尔,军事顾问们的结论是经过对两个地区存在的风险仔细衡量并深思熟虑后才做出的。但约翰·迪尔的性格太温和,对上级太尊敬,再加上慑于丘吉尔的强势性格、出众辩才和上级地位,最终没能坚持己见。

当时英国在远东的局势已经危如累卵,而部署在远东的兵力依然薄弱。虽然日本一时没有对英国与美国宣战,但美国总统罗斯福联手丘吉尔在1941年7月曾采取了一系列断绝日本经济资源的措施,迫使日本只能付诸一战。不过,日本的犹豫不决给了英国与美国四个月的时间在太平洋地区布防。然而,英国与美国都没有从这四个月的宝贵时间中受益。其中英国忽视远东或者说太平洋地区防务的主要原因正是丘吉尔在北非投入了太多的心血。因

此可以这么说：是隆美尔间接导致了新加坡落入日军之手——这既是因为隆美尔给本来就重视对手的丘吉尔留下了深刻印象，也因为他的部队在尼罗河流域和苏伊士运河一带的存在给英国带来了严重威胁。

为了在非洲重新开启攻势，英军制订了代号为"十字军行动"的进攻计划，开始大力往战区增兵并进行准备。英军将原有的四个坦克团增加到十四个，这就至少为英军进攻部队提供了四个下辖三个团的装甲旅，并沿海路往图卜鲁格的守军那里也运输了一个下辖两个坦克团加一个坦克连的装甲旅，为守军提供了突围并与英军进攻部队会师的强大增援。这些装甲旅配备的大部分是最新型的"十字军"巡洋坦克或当时战场上速度最快的美式"斯图亚特"轻型坦克。但有四个坦克连配备的仍是"玛蒂尔达"坦克或"瓦伦丁"坦克。除此之外，英军还加派了四个师——其中三个是摩托化步兵师，另外有一个是英国第七十师，它奉命前往图卜鲁格接替受困的澳大利亚第九师的防务。

隆美尔得到的增援极少。他的坦克部队仍维持在原有的四个团级单位的规模。德国第五轻型师改叫第二十一装甲师，但麾下坦克部队的规模并未增加。为了"扩大"部队规模，隆美尔只好拿出若干额外的炮兵营和步兵营组建一个徒步步兵师。这支部队最开始叫"非洲师"，后来叫第九十轻型师。北非的意大利军原来有三个师的兵力，其中一个是装甲师。后来，意大利又给前线部队增援了三个规模较小的步兵师。由于意大利增援部队装备老旧并且缺乏汽车作为运输工具，因此发挥的作用十分有限，只能承担一些固守据点的防卫作战任务。这给隆美尔调兵遣将带来了

第4章 "十字军"

很大麻烦。

在非洲战场上空,英军也开始占据优势。英国空军在非洲已经增至近七百架飞机,并且能随时出击支援前线,但德军只有一百二十架飞机,意大利军队也只有两百架飞机。

英军在装甲部队这一项则占了更大的优势:在进攻开始时,英军有七百一十余辆装备火炮的坦克,其中步兵坦克约二百辆;而德军仅有一百七十四辆配备火炮的坦克;意军则只有一百四十六辆配备火炮的坦克,并且型号老旧、战斗力低下。仅从数量对比来看,英军与轴心国军队的对比就超过了二比一,单和德军比则超过了四比一。英军司令部硬是把隆美尔指挥的两个师当成了"德军的主心骨"来啃。不仅如此,隆美尔手下除少数正在修理的坦克之外,没有留作预备队的多余坦克,而英军还有五百多辆库存坦克或正在运输途中的坦克,具备更强的持久战能力。最后战果也证明,正是这五百多辆坦克组成的后备力量,帮助英军一举扭转了战局。

1941年秋,隆美尔摆脱了夏季时对八十八毫米炮组成的反坦克小组的依赖,转而依靠新式长身管的Pak38型五十毫米反坦克炮对抗英军的装甲"洪流"。此时,他麾下的反坦克炮有三分之二都是这个型号。新式Pak38反坦克炮穿甲能力比隆美尔部队装备的老式Pak35/36型三十七毫米炮高出百分之七十,比英国二磅炮穿甲能力高出百分之二十五。

丘吉尔不只把大批援兵和当时英国生产的大部分最新武器装备送到了埃及,还为英军进攻部队配置了一套全新的指挥班子。阿奇博尔德·韦维尔爵士于"战斧行动"失败后的第四天,

即1941年7月22日被撤销指挥职务，改由驻印度英军总司令克劳德·奥金莱克爵士接任。此后，各级部队的指挥官也都被换了一茬。丘吉尔对阿奇博尔德·韦维尔爵士谨慎的态度越发不耐烦，而"战斧行动"的失败可以说更是坚定了丘吉尔借机换将的决心。但更让丘吉尔恼火的是，新上任的克劳德·奥金莱克同样对丘吉尔力求早日发动新攻势的压力百般抵制——他坚持要等部队准备万全、有足够把握取得关键胜利时才发起进攻。英军新的"十字军行动"一下子就被拖延到"战斧行动"结束的五个月后，即1941年11月中旬才正式付诸实施。这时，非洲的英军已经大大扩编，并正式改叫第八集团军。第八集团军司令是曾经指挥过肃清意属索马里兰敌军，后又南攻埃塞俄比亚并赶走意大利入侵军的艾伦·坎宁安。英国第八集团军下辖两部分：一是由阿尔弗雷德·戈德温-奥斯汀指挥的第十三军，一是由查尔斯·诺里指挥的第三十装甲军。但纵观现在第八集团军的指挥人员，除了一个骑兵出身的查尔斯·诺里，没人有过指挥坦克部或对抗敌装甲部队的作战经验——而查尔斯·诺里来到非洲，也是为了顶替在攻势发起前死于空难的装甲军司令，是个"替补队员"。

英国第十三军由新西兰师、印度第四师外加一个步兵坦克旅组成。英国第三十军则由下辖第七装甲旅和第十二装甲旅的第七装甲师、第四加强旅、第二十二摩托化禁卫旅和南非第一师组成。南非第二师则作为集团军预备队。

"十字军行动"的基础是：由第十三军困住防守边境地带的德军，而第三十军则迂回到德军防守地带侧面"猎歼"隆美尔麾下的装甲部队，随后再与距边境七十英里外的图卜鲁格守军

第4章 "十字军"

会合。当然,图卜鲁格守军事先要突围出来与主力会师。不难发现,英国第八集团军的这两个军并不是在协同作战,而是在彼此相去甚远的地带各自为战。英军最强悍的"玛蒂尔达"和"瓦伦丁"坦克旅非但不参加装甲作战,反倒只是被编组成小单位支援步兵。随着行动大幕徐徐拉开,这两个军的战线也随之一下子拉开,接着便处处暴露出弱点。

因此,英军很快丧失开战之初凭借侧翼包抄行动取得的出其不意的优势。英军的几场攻势很大程度上自行脱节,正如隆美尔挖苦的那样,"如果你们把坦克散开让我各个击破,那么你们比我多一倍的坦克数量优势又有何用?英国人竟然蠢到把三个旅的兵力拆开,一个一个地摆到我面前"。

"在战场上摧毁敌军主力"是指挥官的首要及唯一正确的目标——正是这条长期存在于各种官方军事典和参谋学院中的成规给英军带来了麻烦。重视步兵的英国指挥官在两次世界大战中调度坦克时对这一规定更是深信不疑。他们动不动就说:"我们只要消灭了对方的坦克就能继续战斗下去了。"当时英国第八集团军及其装甲部队收到的命令便是最好的证明:"你们要直接攻击并消灭敌装甲部队。"但装甲部队是机动性很强的兵种,很难像步兵部队那样被轻易困住,因此不宜被列为直接打击目标。通常要摧毁敌人的装甲部队,应该采取"围点打援"①的间接攻击策略,在伏击中消灭作为援军的装甲部队。英国装甲部队在"猎

---

① 以某一个地方的敌人为诱饵吸引敌人救援,借此对敌人增援部队进行打击。——译者注

歼"隆美尔麾下的装甲部队时正是因为战线拉得太长,兵力过于分散,才轻易落入隆美尔的火炮陷阱。

1941年11月18日凌晨,在越过埃及利比亚边境后,英国第三十军立刻右转,直奔九十英里外的图卜鲁格。英军出动空军为这支部队提供掩护,但其实多此一举——因为德军机场早就被一场夜间暴雨淹没。虽然大雨同样拖慢了英军行军速度,但其实没有关系——因为隆美尔根本没想到英军将发动大规模反击。此时,隆美尔正专注于制订攻打图卜鲁格的计划。尽管德军进攻部队已在路上,志在必得,但隆美尔还是向南派出了一支强大的掩护部队,以应对英军可能采取的干涉行动。

1941年11月18日傍晚,英军一支装甲纵队跨过阿卜德小道,并于11月19日早晨启程向北进发。英军因试图击退隆美尔部署在沙漠中的掩护部队,将战线从三十英里拉长到五十英里,不久便引发了恶果。

英国第七装甲旅的两个先锋团身处战场中央,开始抵近并攻击距离图卜鲁格仅十二英里、位于西迪雷泽陡峭山坡顶部的德军机场。但这个旅剩下的部队和第七装甲师师部派出的支援部队直到第二天,也就是1941年11月20日早晨才到达战场。而隆美尔早就调来了非洲师一部兵力和大量反坦克炮前来增援。德军把守着山坡顶端,封住了道路,而英军进攻兵力又得不到增援——英军另外两个装甲旅分别在东面与西面遭遇困难,而南非第一师也已经被调到西面去了。

在战场西侧,英国第二十二装甲旅迎头撞上了意大利坦克部队,击退这些意大利坦克后又赶去进攻意军占领的古比井。第

第4章 "十字军"

二十二装甲旅原来的部队都是一些义勇骑兵团，开战不久前才配发了坦克。此战也是第二十二装甲旅第一次在沙漠战场作战。

第二十二装甲旅发扬一百多年前英国轻骑兵在克里米亚战争中"轻骑兵旅强袭巴拉克拉瓦"的不朽斗志猛烈进攻意大利部队，却遭到对手早就部署好的重炮袭击，损失了一百六十多辆坦克中的四十多辆。尽管英军损失惨重，但第三十军的指挥官查尔斯·诺里认为进展很顺利，于是把南非师也调去增援，意图占领古比井。

英国第四装甲旅正急于在战场东侧追赶一支德国侦察部队——此时英军纵队首尾之间已经拉长至二十五英里。不巧，一支强大的德国装甲部队突然出现在英军队尾。队尾的英军部队在英军另外两个单位折回支援前就被德军打得损失惨重。这是隆美尔第一天反击行动的延续。跟英军撞上的是德国第二十一装甲师的两个坦克作战单位，它们当时正赶往南面扫荡战场。

英军总算没在第二天被德国非洲军集中攻击——这是不幸中的万幸。英军之所以能得以喘息，是因为当时德国非洲军指挥官路德维希·克鲁韦尔收到了一条声称"英军最危险的进攻路线位于北面的卡普佐小道"的错误情报。路德维希·克鲁韦尔因此把麾下的装甲师都调到了卡普佐小道，结果却发现英国人并没有在这里发动进攻。德军缺乏空中侦察的支持，只能在"战争迷雾"中盲目摸索。更糟的是，在往东开进时，因为燃料耗尽，德国第二十一装甲师被迫停止前进，只有第十五装甲师成功返回，并在当天下午攻打了在盖卜尔萨利赫孤军奋战的英国第四装甲旅。次日，第四装甲旅再次成为德军反击的首要目标，损失惨重。英军

高级指挥官尽管对德军的动向了若指掌,但既没有利用德国非洲军暂时不在战场上的机会行动,也没有立刻采取措施集中已经严重分散的三个装甲旅。不过,快到中午时,英军还是把原本要前往西迪雷泽与第七装甲旅会合的第二十二装甲旅改派来增援东面孤军奋战的第四装甲旅。从战场的一侧开到另一侧很耗时间,因此第二十二装甲旅直到傍晚才抵达,根本来不及助战。

在第二十二装甲旅赶路的这段时间内,新西兰师和英国第十三军下辖的步兵坦克旅却一直驻扎在距离战场七英里的吉卜尼井。新西兰师和英国第十三军下辖的步兵坦克旅都渴望能前往战场支援。然而,这两支部队没有收到参战的命令,甚至连自己提出的助战要求也被拒绝。这正体现了"两路作战"思想对这场战斗指挥产生的巨大影响。

当1941年11月21日的第一抹阳光洒在北非大地上时,身处盖卜尔萨利赫的英军装甲兵发现,前线上已经难见德国装甲兵的踪影了。这并不是隆美尔无的放矢,因为他现在已经很了解英军的部署了。隆美尔命令路德维希·克鲁韦尔将两个装甲师合兵一处。他想先集中力量攻击西迪雷泽,消灭这里的英军进攻部队。

不过,查尔斯·诺里也正好在此时通知西迪雷泽的英军部队向图卜鲁格开进,并命令图卜鲁格英军突围,但英军还没有走多远就遭到了阻击。1941年11月21日8时,两支德军装甲纵队分别从东面与西面呼啸而至。西迪雷泽的英军匆忙调遣三个坦克团中的两个前出抵挡,只留下第六皇家坦克团独自前往图卜鲁格。不过,德军早就在去往图卜鲁格的路上找到合适的位置埋伏了反坦克炮,集中火力猛轰英军。英军的突击再次变成了"轻骑兵旅强

第4章 "十字军"

袭"——只是这次只有"轻骑兵团"罢了。与此同时,另外两个英国坦克团正遭到德国非洲军的全力攻击。其中,英国第七轻骑兵团被德国第二十一装甲师打垮,几乎全军覆没;剩下的第二皇家坦克团猛攻德国第十五装甲师,凭借高超的行进射击技术逼退了敌人。但在下午,德军又发动了新一轮进攻,这次德军还运用了"将反坦克炮陈列于坦克之前",并"专打英军两翼"的新战术。德军就这样重创了英国第七装甲旅,所幸第二十二装甲旅从盖卜尔萨利赫赶回才使第七装甲旅免于全军覆没。至于第四装甲旅,则直到11月22日才赶到战场。再看英军图卜鲁格的突围部队,尽管突围部队一度扎到德意联军包围阵地四英里之深,但因负责解救突围部队的第三十军受阻而导致突围进度陷入停滞。图卜鲁格的突围部队就这么被"抛"在了一个又长又窄的突出部,状况堪忧。

1941年11月22日拂晓,德国非洲军又从战场上消失了——这次德国非洲军只是回去补充弹药和燃料。但即便只是短时间后撤也不合隆美尔的心意。隆美尔中午赶到靠近战场的第二十一装甲师师部,下达了部队迂回进攻的命令。德国装甲团遂向西穿过西迪雷泽北部的山谷,转来攻打英军西侧阵地。德军冲上山坡占领了机场,并在英军两个装甲旅投入作战之前就打垮了支援部队。英军装甲旅的反击不仅姗姗来迟,而且互不呼应。夜幕降临,英军陷入了混乱,但这还不是最糟糕的情况。经过一天休整后返回战场的德国第十五装甲师攻击了英国第四装甲旅的后方,并一举包围了其旅部和预备队(第八轻骑兵团)。英军被打了个措手不及,被包围的大部分人员、坦克和无线电设备都落入敌手。英国

第四装甲旅指挥官当时正在西迪雷泽指挥反攻,因此没有被俘。直到11月23日拂晓,他才发觉自己的部队已经支离破碎,聚不拢了。战局越发危急,而他竟然动弹不得。

1941年11月23日,德国非洲军也遭到了突袭。当时,艾伦·坎宁安已经命令让英国第十三军前进(虽然只是有限度的前进)。11月22日,新西兰师占领了卡普佐,于是其麾下第六旅直扑西迪雷泽。11月23日拂晓,新西兰人直接撞上德国非洲军的司令部,并攻占了这里。路德维希·克鲁韦尔也是侥幸逃过一劫——他为了指挥下一阶段的作战正好离开了,但因此损失了参谋人员和无线电设备。尽管英军也因遇到的麻烦心急如焚,但其后勤压力没有德国人那么大。

英国人与德国人分别把这个星期天——1941年11月23日——称为"耶稣降临节前的第二个星期日"和"死亡星期日"。根据北非沙漠里发生的战斗,德国人给这一天取的名字还是很恰当的。

1941年11月23日晚上,西迪雷泽的英军为等待南非第一师前来增援而稍微南撤。然而,在晨雾中,两个德军装甲师突然不知从哪里冒了出来,当即发起一次集中突破,杀得英军措手不及。英军计划中的会师自然也没有成功。德军硬是把这两支英军部队分开,还把它们的后勤营地横扫一通,杀得英军到处逃散。要不是路德维希·克鲁韦尔命令让德军停手,英军会蒙受更大的损失。战斗打响时,路德维希·克鲁韦尔还没搞清楚状况,仍想先和意大利阿里埃特师①会合后再给英军致命一击。但意大利人

---

① 意大利师常用兵员动员的地区来命名。——译者注

第4章 "十字军"

的前进速度实在太慢——路德维希·克鲁韦尔直到11月24日下午才开始攻击查尔斯·诺里进攻部队的主力,即现在已经被孤立起来的英军南非第五旅和第二十二装甲旅(其中一些小部队已经陆陆续续杀出重围)。等德军发起攻击时,英军其实已经组织好防御了。不过,德军还是集中力量,一举杀入并打垮了英军防守部队,杀死、俘虏了约三千名英军士兵。然而,德军为此付出了余下一百六十辆坦克中的七十多辆。

在这次正面战斗中,德军损失的坦克数量一下子就抵消了前几天中因灵活调遣部队而赢得的物资。德军虽然获得了战术胜利,但战斗力被削弱,这对正在抵抗"十字军行动"的德军来说受到的伤害比什么都大。英国第三十军蒙受的损失更大——其保有的坦克数量从最开始的五百辆下降到七十辆。不过,英军有足够的后备坦克,而隆美尔没有。

1941年11月24日,战斗发生了另一次戏剧性转折。隆美尔打算一鼓作气赢得战斗胜利。他命令所有机动部队长驱直入,越过埃及与利比亚边境,直捣英国第八集团军的大后方。为了节约一切时间,隆美尔来不及等所有部队集结完毕,只留下让第十五装甲师随后跟上的通知就直接带着当时已经做好准备的第二十一装甲师出击了。包括阿里埃特装甲师和的里雅斯特摩托化师在内的意大利机动部队答应支援德国装甲师,以便收紧对英国人的包围圈。

正如隆美尔在出击前夜发给柏林和意大利的电报中提到的那样,他最初的目的就是要趁英军被打散的空当来解救位于埃及利比亚边境上的德意联军。不过,根据隆美尔手下主要参谋军官提供的证据,隆美尔在夜间作战时扩大了战斗目标——这可以在德军司令

部的战争日志中找到记录:"总司令①决定动用装甲师追击敌人②,挽救塞卢姆前线的状况,同时进攻敌人设在西迪欧麦尔的后方交通线……(一旦得手)就意味着英军很快就要被迫退出战斗。"

隆美尔此举意在一举突击对手的后方及其物资供给,更是要摧毁北非英军指挥官的意志。英军在1941年11月23日的坦克战中失败后,艾伦·坎宁安有做过将部队退回边境后方的打算,只是因为克劳德·奥金莱克特地从开罗乘飞机直接飞抵前线并坚持要继续战斗,这才不得不停止撤退行动。然而,隆美尔迅速逼近边境,吓得沿路英军望风而逃,这自然给英国第八集团军司令部带来了更大恐慌——只是隆美尔对这次行动能有这么大的震慑效果浑然不知。

1941年11月24日16时,隆美尔的部队经过五小时长达六十英里的行军后,穿过了沙漠,来到位于埃及利比亚边境的谢费尔增井。隆美尔派出一支战斗部队穿过边境铁丝网,向东北方向的哈法雅山口逼近。此举意在控制英国第八集团军撤往海边的退路和补给线,同时扩大对英国第八集团军后方的威胁。隆美尔带着这支部队前进到半路后又折回,但坦克发动机突发故障,在沙漠中抛锚。多亏路德维希·克鲁韦尔当时乘坐的指挥车恰好路过此处把隆美尔接走。当时夜幕降临,他们又找不到边境铁丝网缺口,于是这两个北非德军最高指挥官和他们的参谋就只好在那个地方的英国军人与印度军人的眼皮底下过夜,全靠敌军基层士兵"多

---

① 指隆美尔。——译者注
② 指英军。——译者注

第4章 "十字军"

"一事不如少一事"的心态来保护自己安全。路德维希·克鲁韦尔的这辆指挥车是缴获自英军的,它帮助这些人在11月25日拂晓出发后没有多受刁难就顺利返回了第二十一装甲师师部。

然而,"延误"十二小时返回指挥部的隆美尔发现,第十五装甲师还没有到达边境;意大利阿里埃特师则因为在前进途中发现南非第一师驻地横截在其前进道路上而停了下来;运送燃料的补给纵队此时也没有赶到。一系列的延误妨碍并削弱了隆美尔反攻的效力:他原计划派出一支部队向东攻击埃及铁路的终点站哈巴塔,堵住当地山坡的下坡道路及沿着山坡通向埃及境内的大路,而这一点现在因为战机的延误,已经无法实现了。隆美尔原来还打算派出另一支部队沿着途经英国第八集团军司令部所在地马达累纳堡的小路往南进攻贾那巴卜绿洲,如果成功,当地英军可能会因此更加慌乱不堪。然而,这个算盘现在也打不成了。德军在埃及利比亚边境附近没有取得什么战果,白白浪费了一天,唯独第二十一装甲师的一个实力被削弱的坦克团付出很大代价攻打了西迪欧麦尔,最后也失败了。虽然迟到但战斗力较强的德国第十五装甲师则沿着边境线左侧一路往北扫荡过去,只是这一趟取得的唯一战果是摧毁了一个停着十六辆修了一半的坦克的英国战地坦克维修厂。

德军取得的微不足道的战果正和其1941年11月24日的浩大声势形成了鲜明对比,而这也给了英军休整的机会。11月26日清晨,克劳德·奥金莱克的副参谋长尼尔·梅休因·里奇接替艾伦·坎宁安担任第八集团军司令。临阵换帅也就意味着英军将不惜冒一切风险也要保证战斗进行下去。英军的运气好到了极点。

德军在进攻时错过了英军设在阿卜德小道南方的两个补给站——英军只有靠那些补给才能保持战斗力。德军从西迪雷泽向东南挺进，从补给站的北面经过，偏偏没有发现补给站，而路线更加靠近补给站的意大利军可能根本没有前进到补给站的位置。

德军虽然已经没了进攻初期的那股势头，但还是在1941年11月26日早晨让英军陷入了十分危急的处境。此时，英国第三十军仍处于混乱中，因此没法解除德军对英国第十三军后部造成的一些威胁。这些部队之间不但相距甚远，有的还因无线电故障而成了孤军。但德军也因失去无线电联系而导致彼此无法通信，处境比英军要坏得多。德军若要取胜，就要紧密配合，迅速行动，而英军则最好能坚守边境阵地，第十三军的部分先遣部队应继续往西推进，与图卜鲁格英军会合，这样就可以对隆美尔的后方构成双重威胁。德军设在后方阿代姆的装甲军团司令部已经对这种可能带来的后果产生警觉，也急忙呼叫装甲部队回来支援。

前线缺乏给养，通信出现故障，后院又失火，这让隆美尔的反攻难以为继。1941年11月26日早上，隆美尔命令路德维希·克鲁韦尔以第十五装甲师、第二十一装甲师从两面同时发动进攻，"迅速消灭塞卢姆前线的敌军"。但隆美尔在这个节骨眼儿上发现，第十五装甲师竟然已经于凌晨返回巴尔迪亚补充油料、弹药去了。等第十五装甲师重返战场，隆美尔又发现第二十一装甲师因为错解命令也退出了哈法雅山口并回到巴尔迪亚补给去了。德军在11月26日没有任何进展，隆美尔只能让第二十一装甲师继续往图卜鲁格撤退。11月27日凌晨，第十五装甲师发动进攻，并成功摧毁了英军负责殿后的新西兰旅司令部及其后勤部队，随后便

第 4 章 "十字军"

遵照隆美尔的命令撤退了。德军精心安排的一场原本大有胜算的反击战,最后竟落得个虎头蛇尾、草草收场的结局。

隆美尔反击的失败自然影响了后世在回顾这场战斗时对其做出的评价。战术家认为隆美尔在西迪雷泽取胜后应该改变策略,将兵力集中,进行局部追击:要么摧毁英国第三十军余部,要么消灭正在前进的新西兰师,甚至可以占领图卜鲁格。但隆美尔若采取这些策略,非但在战略上占不到什么便宜,反倒会让德军冒着耗损极其宝贵的时间却徒劳无功的大风险。隆美尔从最开始就在兵力对比上处于劣势,一旦被拖进持久战就注定会失败。要是隆美尔试图消灭英国第三十军剩下的那些坦克,那么英军也可以凭借坦克的机动性优势进行回避。隆美尔如果不选择追歼英国第三十军而试图采取另外两种设想,那么就要想办法攻击正在防御的英国步兵和炮兵。然而,还是那句话,隆美尔根本没有打消耗战的资本,即便战胜的概率很大,这么拼消耗也是很蠢的。其实,隆美尔选择押上自己所有机动部队搞纵深战略突破也是在打消耗战,只是他这样做至少争取到了墨索里尼将意大利的机动部队纳入他麾下指挥的许可,战胜的概率会增大一些。

后人总是批评隆美尔这么做是莽撞行事,但纵观兵家战史,总有很多通过这样的突击,用己方气势对敌方官兵——特别是对指挥官——的心理产生影响,并最后战胜敌人的战例。隆美尔自己其实也占过这方面的便宜。隆美尔曾分别在1941年4月和1941年6月以较少兵力进行过两次这样的突击,英军都被打退了。其中第一次英军还被打得溃不成军。但之前几次对英军构成的威胁都不如1941年11月这大。隆美尔在两个月后的1942年1月对英军发动了

第四次纵深突击——当时英军惨败。不过，这次隆美尔并没有像1941年11月一样切断英军后路，况且11月时英军比发起其他三次战略反击时更加四分五裂。

隆美尔最终失败的祸根在前文提到的那些他一度对英军造成致命威胁的日子里就已经埋下了：第十五装甲师的姗姗来迟，意大利机动部队在支援德国第二十一装甲师时迟缓的行动，这些都导致德军攻势的"冲击波"丧失殆尽；德军因情报错误、无线电通信故障及误解上级命令等原因，在边境做了一系列"无用功"。同时英军对德军后方造成了威胁，决心战斗到底的克劳德·奥金莱克在危急关头果断换帅统领第八集团军——新的司令在此时就必须无视风险继续战斗。换帅可能带来风险，但实际上英军是幸运的——尼尔·梅休因·里奇在两个月后应对一个较小威胁时采取的是和前任艾伦·坎宁安一样的策略。

分析"十字军行动"及其教训时还有另一个值得重视的因素：如果当时隆美尔将英军击溃后继续扩大战果，那么英军继续作战就可能是有百害而无一利的了。然而，身处隆美尔进攻道路上的英国第三十军和第十三军虽然兵力分散，甚至被孤立，但没有离开战斗位置。德军向东前进的速度明显比英军撤退的速度要快。不过，英军散兵并没有因之前第三十军被打得晕头转向而一味盲目地向基地撤退。对于英军来说，即便补给不一定能及时送到，"原地不动"也肯定比向后撤退并"站在漩涡边缘"更安全一些。

因为战略反击没有达到目的，隆美尔接下来将面对两个问题：第一，能否让北非德军重整旗鼓？第二，若能重整旗鼓，

第4章 "十字军"

还能帮北非德军重掌优势吗？令人叹为观止的是，虽然北非德军现在已经虚弱不堪，隆美尔还是可以成功让其重整旗鼓、再占优势。但经过一次又一次消耗战，隆美尔也利用不了这些优势了，最后还是不得不退兵。从战果上看，隆美尔在1941年11月24日发动的战略反击并不是鲁莽行动，而是高明之举。因为这次行动给隆美尔带来了扭转乾坤的大好机会。

德国非洲军调头西归时还剩下六十辆坦克，其中三分之一是轻型坦克。用这么点兵力想正面进攻扭转图卜鲁格局势看来是不太可能的。1941年11月26日晚，新西兰师在近九十辆"玛蒂尔达"和"瓦伦丁"坦克的支援下西进，突破了隆美尔设下的包围圈，与拥有七十多辆坦克（其中二十辆是轻型坦克）的图卜鲁格守军会合。英国第七装甲师在此期间也从基地得到补充，坦克数量增长到近一百三十辆。这下英军坦克数量是德军的五倍了，而装着火炮的坦克数量是德军的七倍多。如果英军集中坦克突击，第七装甲师甚至可以单独歼灭德国非洲军。

德国非洲军在撤退的第一阶段处境危险。更危险的是，第二十一装甲师撤到半路被一个英军阵地阻挡——1941年11月27日，第十五装甲师遭到坦克数量是自己三倍的英国第七装甲师麾下两个旅的袭击——无法支援第十五装甲师。当时，英国第二十二装甲旅从正面挡住德军退路，第四装甲旅则从侧翼发起攻击，在德军车队中造成混乱。德军经过几个小时的战斗，总算稳住了局势，但无法再沿着卡普佐小道向西行军。不过，英军在夜幕降临时向南退入沙漠地带，用战车围成一个"车阵"，就地防守过夜。这给了德军趁夜摸黑向西后退的机会。英军在11月28日

重新发动追击,却被德军反坦克火力死死挡住。夜幕再次降临,德军又获得了行动的自由。

就这样,1941年11月29日,德国非洲军主力和隆美尔的其他部队重新会合,解除了受到的压力。11月30日,隆美尔一边集中力量攻击西迪雷泽山脊线上已成孤军的新西兰第六旅,一边以意大利阿里埃特师为侧翼掩护,防止英国装甲部队阻挠。德军坦克已经迂回到英军阵地的右侧,从西面出击,德军步兵则从南面进攻。傍晚时分,新西兰第六旅被赶下了山脊线,但一些新西兰士兵在侥幸逃生之后成功与山谷中的新西兰师主力部队会合。尽管当时英军装甲部队得到新运来的坦克(集中划归第四装甲旅)后实力又有所增强,但其在前往解救友军时并未尽全力突破德军的包围——英军指挥官们由于之前曾落入德军"坦克加反坦克炮"陷阱而变得过分小心起来。

1941年12月1日凌晨,隆美尔的部队在贝勒哈迈德包围了新西兰师,顺便切断了其与图卜鲁格守军之间的"走廊"。12月1日4时30分,英军第四装甲旅奉命在拂晓时分全速北进,要"不惜任何代价"与敌人的坦克作战。英军坦克在两个半小时后的7时出发,于9时抵达西迪雷泽机场,随即冲下山坡与新西兰师建立了联系。之后,英军决定要向"估计有四十辆坦克"的德军发起反击。但当时部分新西兰部队被德军击溃了,总撤退的命令也下达下来。新西兰师余部往东退到扎法兰,后来又趁夜退到埃及利比亚的边界,英国第四装甲旅则向南后撤二十五英里,到了贝拉奈卜井。

上述环节是英军与德军交锋的第三个回合。德军取得了惊人的

第4章 "十字军"

战果:虽然德军仍处于劣势,但英军与德军坦克的数量对比在德军的努力奋战下已经从开战时的七比一下降到如今的四比一了。

克劳德·奥金莱克再次乘飞机到第八集团军司令部,并准确估计隆美尔部队的潜在弱点就是禁不起消耗。因此,他要坚持作战,把新部队和备用的坦克派上战场。身处边境的印度第四师被南非第二师换下,转而前去与英国第七装甲师会合,采取侧翼包抄策略,一举切断隆美尔的后勤运输线与退路。

隆美尔收到了这个坏消息,决定西退,并用剩下的所有坦克一举打乱英军的侧翼包抄行动。1941年12月4日晚,德国非洲军放弃包围图卜鲁格,向西撤退了。

1941年12月4日早上,印度第四师的先头旅开始向位于西迪雷泽以南二十英里的古比井的意大利军队阵地发起进攻,但被意大利军队炮火打退。次日早上,第二次进攻又被意大利军队打退。在此期间,英军装甲部队一直掩护着进攻部队的北侧,谨防隆美尔的干扰。然而,英军为了试验一种新式"车阵",不得不在1941年12月5日下午撤回营地。就在当天17时30分,隆美尔的装甲部队杀到了古比井。没有掩护的印度旅部分部队被击溃,其余部队到天黑时总算成功突围。

经此一败,英国第三十军军长查尔斯·诺里决定暂缓从侧翼攻打阿克鲁马的计划——这就失去了切断隆美尔退路的大好机会。英国第四装甲旅奉命在重新发动进攻前搜索并试图歼灭德国装甲部队,但没有达到目的。即便是现在查阅档案也找不到英军做过这方面努力的相关证据。当时,第四装甲旅接收了新运到的四十辆坦克,将总装甲力量提升至一百三十六辆坦克。而德国非

洲军此时剩下的坦克总数也只有英国第四装甲旅的三分之一。此后两天，英国第四装甲旅都驻扎在古比井附近的阵地，中间偶尔为了引诱德军进入印度第四师的火炮覆盖范围而出击过一两次，但没有达成目的。

1941年12月7日，隆美尔接到了"年底前都不可能有什么增援"的通知后决心率军撤到贾扎拉防线。非洲军在当晚开始收兵，但英军直到12月9日才搞清楚当时的局势。英军派出装甲部队向阿克鲁马南面的代号为"骑士桥"公路会合点前进，但在离"骑士桥"不到八英里的地方被一支德国后卫部队阻击——此时，这支英军部队的表现与其说是在设法困住敌人，不如说是在想法自保。12月11日，隆美尔的部队安全返回贾扎拉。之前就驻扎在这里的德军部队已经布置好了作为备用防线的防御阵地。

1941年12月13日，由阿尔弗雷德·戈德温-奥斯汀指挥的、接替英国第三十军执行追击任务的第十三军开始攻打贾扎拉防线。虽然德军正面抵挡住了英军进攻，但掩护德军侧翼的意大利机动部队不堪英军压力，迅速后撤。因此，英军左翼一度突进至贾扎拉防线后方十五英里的西迪卜拉吉塞。德军坦克随后发动了一次反攻，瓦解了英军的包围行动。

1941年12月14日，阿尔弗雷德·戈德温-奥斯汀在进攻恢复前派遣第四装甲旅发起较远距离的侧翼包抄，向贾扎拉到梅基利之间的公路会合点哈莱格埃莱巴推进。12月14日，这场旨在切断隆美尔后路的行动于14时30分正式开始。第四装甲旅向南行军二十英里后便就地宿营。12月15日7时，英军再次出发。在迂回六十英里后，因道路难走，直到15时才到达哈莱格埃莱巴，比原定时间

第4章 "十字军"

迟到了四小时，此时已经来不及按照原计划通过袭击隆美尔的装甲预备队来支援正面战场了。这支英军就地按兵不动，直到12月16日早晨才被德军发现。

英军于1941年12月15日发动的进攻又失败了。英军从海滨发起的进攻虽然在贾扎拉阵地上夺取了一小块"立锥之地"，但德军再次用坦克发起反攻破坏了英军的包围，并消灭了英军的先遣部队。

英军司令部仍然把希望寄托在已经迂回到德军后方的强大装甲旅能否在第二天击溃德军上。但1941年12月16日，为了确保万无一失地给坦克加油，这个旅竟然南退二十英里。等下午返回时，它就遭到德军反坦克火力阻挡，只好再次向南撤退，在战车围成的"车阵"里过了一夜。史料记载，英军与德军双方只是相互开炮，但彼此没有伤亡。军事家对这场战役的印象是这样的："英军最希望看到德军自己离开——德军也确实离开了，并且走的是英军留给自己的舒心大道。"

为什么德军撤退了？虽然德国非洲军在1941年12月15日的反击中胜利了，并且损失不大，但英军在战场上的坦克还有近两百辆，而德国非洲军只剩下不到三十辆坦克了。隆美尔审时度势，知道贾扎拉没法久守，只能暂时后退，远远甩开英国追兵，等援兵到来再做打算。隆美尔计划撤退到的黎波里塔尼亚边境的卜雷加港咽喉地带，他之前曾以这里作为第一次反攻的跳板，当然，以后也可以拿来当跳板。卜雷加港确实是一个理想的防御阵地。12月16日，隆美尔开始命令撤退。德国非洲军和意大利机动部队沿沙漠后撤，意大利步兵师则沿着滨海公路后撤。

英军迟迟没有开始追击。英国第四装甲旅直到1941年12月17日13时才出发,两小时后就在距离原阵地不到十二英里的地方停下宿营,同时为继续前进做后勤准备。12月18日,英军沿着沙漠继续前进到梅基利南面的一个地方,结果在这里转向北的时候错过了撤退中的德军尾部。

同时,印度第四师坐着汽车和英军的步兵坦克一起穿过崎岖的绿山山地,向海滨逼近。1941年12月19日,英军占领德尔纳,但敌人的步行纵队大部分都已经安全通过了咽喉地带。印度第四师试图在更西一点的地方阻击敌人,但因为道路崎岖难行,加之油料短缺,不得不在俘虏一些散兵游勇后停了下来——当时,英军大部分追击部队都是因缺少燃料而被迫停下了。

作为先头部队,英军摩托化步兵奉命穿过班加西形若弯弓的沙漠追击敌人。结果等英军摩托化步兵在1941年12月22日抵达安特拉特时,发现德军三十辆坦克正在为掩护意大利步兵向海边撤退而驻扎在贝达富姆附近。英军先头部队一直被阻挡在安特拉特,直到英国第二十二装甲旅于12月26日赶来增援。英军警备旅追上德军后卫部队,并在艾季达比亚发起正面进攻,但最终失败了。第二十二装甲旅则迂回穿过海赛特,深入沙漠三十英里。意外发生了:一支德国装甲部队在12月27日对英国第二十二装甲旅发动侧翼突袭。经过三天激战,英军竟被包围。英军损失了六十五辆坦克,另有三十辆坦克侥幸逃脱。隆美尔在反击中得到了两个新增援的坦克连(约三十辆坦克)的帮助——坦克连是在12月19日德军即将放弃班加西港口前赶到的。这是德军自"十字军行动"开始以来第一次得到增援。

第4章 "十字军"

对于长途追击而言,英军在海赛特的失败是一个令人沮丧的结局。先前解除图卜鲁格包围圈的喜悦也仿佛被这场失败浇了一瓢凉水。但隆美尔的撤退对英军是极其有利的,因为这意味着埃及利比亚边境其余德意联军将变得孤立无援、回天乏术。轴心国控制的巴尔迪亚最终在1942年1月2日投降,轴心国在边境的另外两个据点也于1月17日投降。这样一来,包括之前在西迪欧麦尔抓获的俘虏在内,盟军在埃及利比亚边境一共俘获了两万名轴心国军人。轴心国付出伤亡三万三千人的代价,但英军死伤还不到一万八千人。轴心国死伤人数中的三分之二是意大利士兵,而德军伤亡的绝大部分都是非战斗后勤人员。不过,英军在长达六周鏖战中损失的大都是战斗人员,其中许多还是"难以替代"、训练有素的沙漠战老兵。

靠缺乏经验的部队作战往往要吃亏,在沙漠战中尤甚。英军靠使用没有沙漠战经验的部队作战的缺点在1942年1月的第三个星期打响的又一场战斗中再次暴露出来。英军料想当时隆美尔应该已"丧失战斗力",结果他竟然又对英军发动了一次突然袭击,战果和1941年德国在北非沙漠里发动的第一次反击出奇相似。

第 5 章
隆美尔胜利的高潮

Rommel's High Tide

第 5 章　隆美尔胜利的高潮

与1941年相比，1942年非洲的战局发生了变化，战斗更加激烈，影响更加深远。最开始，交战双方在昔兰尼加的西界对峙，然后隆美尔在新年过后三个星期又发动了一次战略反攻，深入盟军阵地二百五十多英里。英军被一路赶到离埃及边境只剩三分之一路程时才重整部队，接着在贾扎拉摆开了阵势。

隆美尔效法1941年11月的英军，在快到1942年5月底时抢在英军进攻前再次主动出击，与英军展开了一场跌宕起伏、惊心动魄的混战，并把英军赶跑了。英军逃得又快又远，一直退到位于尼罗河三角洲入口处的阿拉曼防线一带才重整旗鼓。尽管隆美尔乘机追击，在一周之内推进了三百多英里，但其部队的进攻势头已经疲软，他能调用的兵力也已不多。隆美尔进攻开罗和亚历山大受阻，甚至险些在双方筋疲力竭被迫停战之际先被对手击败。

1942年8月底得到增援后，隆美尔再次出击。但英军不仅得到了比隆美尔更多的增援，还新成立了以陆军上将哈罗德·亚历山大爵士、陆军上将蒙哥马利爵士为首的指挥班子。至此，隆美尔的攻势被挡住了，不得不把进攻伊始获得的微小成果放弃了一大部分。

1941年10月下旬，英军以空前强悍的兵力发起决定性进攻。

经过十三天苦战,隆美尔兵力耗尽,坦克几乎拼光,战线随之崩溃,他侥幸跟着败兵逃脱。但隆美尔手下的残兵败将已经无力再全力抵抗。八周之后,也就是1941年底,隆美尔被赶回距离阿拉曼一千英里、位于的黎波里塔尼亚的布埃拉特,但现在的撤退只是暂时的——直到1942年5月,德军撤到突尼斯市才结束。

1942年1月初,英国将自己在艾季达比亚的失败看作通往的黎波里道路上的暂时受阻。英国正忙于制订军事计划,同时在积累执行计划所需的军事力量,并为自己的军事计划取了一个恰到好处的名字——"杂技家"。1月底前,"杂技家"已经"翻了一连串跟头"了,只不过都是"向后翻"的。

1942年1月5日,一支由六艘船组成的德国护航舰队成功突破英国海军与空军的封锁线,为隆美尔送来了坦克支援。这样一来,隆美尔拥有的坦克总数增加到一百多辆。隆美尔靠着这批增援及一份说明英国先头部队弱点的报告,立刻开始秘密准备反击计划。1月21日,隆美尔的反击正式打响。1月23日,意大利军队总参谋长乌戈·卡瓦莱罗元帅赶到隆美尔的指挥部表示抗议,但此时隆美尔的先头部队已经朝东进攻了一百多英里,英军东退的速度甚至更快。

当时,隆美尔攻打的英军先头部队主要是新到战场的英国第一装甲师。该师的装甲旅配有一百五十辆巡洋坦克。该装甲旅下辖三个前身是骑兵部队的团。英国第一装甲师缺乏作战经验,沙漠战经验更是一点儿都没有。然而,隆美尔获得的这批新式Ⅲ型坦克配有比老款更厚的正面装甲——足有五十毫米。同时,德国反坦克炮手在与己方坦克协同进攻的战术上也取得了进一步发展,这些都给英

第5章 隆美尔胜利的高潮

军增添了麻烦。海因茨·施密特曾这样形容德国战术的发展：

> 我军十二门坦克炮进行蛙跳机动，从一个优势地点转移到另一个优势地点。坦克尽量保持静止隐蔽，为反坦克炮提供掩护火力。接着，反坦克炮建立据点，为坦克进攻提供掩护火力。我们的战术效果很好。虽然敌人的炮火很密集，但敌人的坦克无法阻挡我们的进攻。我们不禁会想，面前再也不是那些曾在卡普佐小道紧逼我们的敌人了。[1]

更糟的是，英军的三个装甲团被分散投入战斗。在安特拉特的第一次交手中，这三个装甲团被德军突袭，损失了近半数的坦克。隆美尔的前进暂时被乌戈·卡瓦莱罗元帅打断。乌戈·卡瓦莱罗拒绝再让意大利机动部队随德国非洲军作战。但英军并未猛烈还击，也就没有从隆美尔的暂停中得到好处。这促使隆美尔于1942年1月25日向姆色斯大胆进攻。德军突破了英军的防线，将防守的英军和英国第一装甲师打得放弃了自己原本进攻的战线，纷纷向北逃窜。英国第一装甲师的坦克只剩下三十辆。

隆美尔发动进攻，突破姆色斯，给英军造成很大威胁。英军被迫匆忙命令印度第四师从堆满物资的班加西港撤离，退到德尔纳—梅基利防线。但在克劳德·奥金莱克从开罗飞到第八集团军司令部会见尼尔·梅休因·里奇后，英军就收回了成命，改为发

---

[1] 海因茨·施密特：《与隆美尔沙漠同行》，第125页到第126页。——原注

动反攻。但克劳德·奥金莱克这次干预也没有1941年11月那次那么恰当、奏效。这是因为这次英军为了掩护从班加西到梅基利全长一百四十英里的地带，把战线拉得很长，并且静止不动。而隆美尔从位于姆色斯的战场中心地带出击，从而获得了展开行动和选择目标的时间与自由。

隆美尔的一系列行动给英军造成了威胁，使英军指挥部在几天中一直处于"发指示、收成命、一团乱"的状态。这导致英军指挥官阿尔弗雷德·戈德温-奥斯汀因集团军指挥官越过自己直接向下级发令的方式而申请辞职。然而，后来还是发生了更糟的事情。

由于隆美尔的兵力较少，为了防止英军从班加西威胁自己的后方，他决定在下一步行动时佯装往东攻打梅基利，实际上转西攻打班加西。英军中计，匆忙增兵梅基利，这就将兵力本就十分分散的印度第四师置于孤立无援的境地。结果隆美尔快速改变目标，攻击了班加西，惊慌失措的英军一下就把班加西港连同这里的所有物资都放弃了。隆美尔利用给英军造成的混乱，派出了两个小型战斗集群往东追击。德军大胆猛冲，威胁英军，迫使英军在放弃一系列本可以守住的防线，后退到贾扎拉防线——因为物资短缺，德国非洲军主力并未向东开进，仍然停留在姆色斯一带。1942年2月4日，英军退入贾扎拉防线。但直到4月初打消意大利最高统帅部的疑虑后，隆美尔才令部队转移到英军阵地附近。

贾扎拉防线得到了加强。英军修筑了野战工事，布置了大片雷区，将贾扎拉防线从一条普通的防线变成了一条坚固的防线。但英军很快不再满足于贾扎拉防线的防御准备，并开始积极计划搞反击。尽管贾扎拉防线是一个适合进攻的跳板，但防线过长，

第5章 隆美尔胜利的高潮

纵深不够，实际上并不适合防守。另外，除了沿海地带，英军各设防据点彼此相隔太远，从海岸向南延伸五十英里，越往南走，据点间的距离越大，越无法用火力互相支援。自由法国的马里-皮埃尔·柯尼希将军指挥的自由法国第一旅防守的哈凯姆井据点位于西迪穆夫塔左侧十六英里。而对防御方来说，为了重新发动进攻，把前进基地和火车站都设置在贝勒哈迈德着实也是一个弱点。贝勒哈迈德是德军从侧翼展开包围的好目标，而英军必须掩护堆放在贝勒哈迈德的大量物资，所以必须时时关注贝勒哈迈德。这降低了英军灵活调动的能力。

英军的进攻方针与意见因内部就"早日发动攻势的可行性与可取性"存在争议受到了影响。自1942年2月起，丘吉尔就一直敦促英军早日发动进攻。丘吉尔指出，苏联人正在舍命对抗德国，阿尔贝特·凯塞林止接连不断发动空袭，企图把马耳他夷为平地，而英国六十三万五千人的大军此时竟在中东战场无所事事！但克劳德·奥金莱克敏锐地感觉到英军的技战术缺陷，打算等尼尔·梅休因·里奇的兵力恢复到足以抗衡隆美尔部队的质量优势时再出手。丘吉尔驳回了克劳德·奥吉莱克的论点，并给他下达了"服从或辞职"的命令，逼他发动进攻。英军原计划于6月中旬发动进攻，但隆美尔还是抢在了英军前面，于5月26日发动了进攻。

虽然双方的作战编制还是三个德国师（其中两个是装甲师）、六个意大利师（其中一个是装甲师）对阵六个英国师（其中两个是装甲师），但双方增援部队的抵达使整个作战规模比1941年11月"十字军行动"时还要大。通常，政客和将军以"师"级单位的数量进行计算。这样算来，隆美尔是在用九个师攻打六个英国师——

他们常用这种计算方法解释英军被击败的原因。

但用"师"的数量衡量兵力是有误导性的,因为双方力量对比的真实结果完全不是那么回事。在意大利五个战斗力很弱的步兵师中,四个是非摩托化的,这样的部队在贾扎拉这样的运动战中起不到什么积极作用。英国第八集团军不仅配备了大量汽车及六个师的兵力,还有两个独立的摩托化加强旅及两个集团军直属坦克旅。英军两个装甲师之一的第一装甲师配备了两个装甲旅,而根据当时英军的常规编制,一个装甲师只配备一个装甲旅。总而言之,第八集团军有十四个坦克作战单位,另外还有三个在赶来的途中,而隆美尔只有七个,其中只有四个德国坦克作战单位配备的坦克真正管用。

从坦克部队的具体数量上看,英国第八集团军配备了八百五十辆坦克,另有四百二十辆坦克可供支援;轴心国军队共有五百六十辆坦克,其中二百三十辆是过时、性能不好的意大利坦克。剩下的三百三十辆德国坦克中,只有二百八十辆装备火炮的中型坦克才能在作战时发挥真正作用,剩下的五十辆只是不配备火炮的轻型坦克。根据这些数据做出实事求是的估计,英军在起初的装甲作战中占有三比一的数量优势,如果转为消耗战,优势则扩大到四比一,甚至还要多些。

在重型火炮的数量上,英军占三比二的数量优势,但这一优势因所有火炮都被分散调拨给各师而变得不再明显。隆美尔则非常善于使用自己手中的那支配备五十六门中型口径火炮的预备队。

在北非战场,英军与轴心国军队的空中力量对比,较以往任何战场都更接近平衡。英国沙漠空军配备了约三百八十架战斗

第5章 隆美尔胜利的高潮

机、一百六十架轰炸机和六十架侦察机,这六百架飞机共同构成一线战斗力。德军和意大利军队共有由三百五十架战斗机、一百四十架轰炸机及四十架侦察机组成的约五百三十架飞机。然而,德军的一百二十架Me-109战斗机性能比英军的P-40"小鹰"式战斗机和"飓风"式战斗机性能要好。

更大的问题在于双方坦克的性能对比。在第八集团军遭遇失败后,英军势必认为自己的坦克性能不如对手,这一点在克劳德·奥金莱克的公文中被作为"事实"进行陈述。但对双方坦克装甲及火炮的技术标准和试验资料进行分析,便发现真实情况并非如此。大部分德军中型坦克配备的都是五十毫米短管炮,炮弹穿甲能力比英军在所有坦克上配备的、初速较大的二磅炮都逊色一筹。在装甲方面,1941年的德国坦克装甲大都比英国当时新列装的巡洋坦克的装甲还薄——德军坦克装甲最厚为三十毫米,英国为四十毫米。尽管新到的一批德国坦克配备了更厚的五十毫米装甲,并在坦克车身最易遭到攻击的地方加装了钢板,即便如此,德国坦克还是比配备七十八毫米厚装甲的"玛蒂尔达"坦克和六十五毫米厚装甲的"瓦伦丁"坦克更脆弱。

德军还配备了一种特殊的Ⅲ号J型中型坦克。这种坦克装备了与德军反坦克炮类似的五十毫米长管炮,但只有十九辆被送到前线,另外十九辆刚刚在的黎波里登陆。德军的增援坦克远比不上英国运到埃及的四百多辆美国造新型M3"格兰特"式中型坦克。截至战斗打响时,英国在贾扎拉的两个装甲师已经分别配备了约一百七十辆"格兰特"式坦克。每辆"格兰特"坦克配备一门七十五毫米火炮,炮弹穿甲能力远胜德国坦克的五十毫米长管

炮,其五十七毫米厚的装甲也比德国坦克的五十毫米装甲更厚。因此,人们总是硬说英军坦克性能不如德军坦克,这是毫无依据的。相反,当时的英国坦克既占有质量优势,也占有数量优势。

因为六磅反坦克炮已经运到,英军在反坦克炮方面已经重新取得优势。六磅炮的炮弹穿甲能力比德军五十毫米长管炮高出百分之三十。英军获得了大量六磅炮,足以装备所有摩托化步兵旅和装甲旅麾下的机动营。虽然德军的八十八毫米炮仍是战场上最可怕的"坦克杀手",但隆美尔只有四十八门八十八毫米炮,并且八十八毫米炮炮座较高,比战场双方任何一种标准反坦克炮都易遭到攻击。

根据上面分析的结论,"装备不如人"并不是英国第八集团军在贾扎拉遭遇败绩的合理解释。有确凿证据显示,英军失败主要是因为德军战术素质普遍较高,在坦克和反坦克炮的配合使用战术上尤其如此。

英国第十三军负责防守固若金汤的贾扎拉防线,军长是绰号"惩罚者"的威廉·戈特中将,打头阵的分别是右翼的南非第一师与左翼的第五十师,而配备了大部分装甲部队的第三十军的军长仍是查尔斯·诺里,他的任务是掩护南部侧翼并反击德军坦克对战场中路的任何进攻——这里有一点很奇怪,那就是英军指挥官竟然都认为隆美尔最有可能从中路进攻。正是第三十军的双重任务才将英军装甲部队置身于不利位置。英国第一装甲师陈兵卡普佐小道附近,而只有一个装甲旅的英国第七装甲师则驻扎在英国第一装甲师以南约十英里的地方。为了支援防守哈凯姆井的法国部队,英军将战线拉得很开。克劳德·奥金莱克曾经致信尼

第5章 隆美尔胜利的高潮

尔·梅休因·里奇,建议将部队集中一些,可惜这个建议并没有被身处战场的尼尔·梅休因·里奇采纳并执行。

1942年5月26日晚上,隆美尔率领三个德国师和两个意大利机动军迅速绕过英军侧翼,另派四个意大利步兵师在贾扎拉防线正面"虚张声势"。英军尽管在天黑前就侦察到了隆美尔动用一万多台车辆的迂回行动,并及时上报,甚至在5月27日拂晓德军绕过哈凯姆井时又上报了一次,但英国指挥官仍然认为隆美尔会如设想般从中路进攻。英国装甲旅行动迟缓,只有部分部队投入战斗,而驻守在南侧外围的英军两个机动旅因孤立无援被德军击溃。英国第七装甲师师部被占领,师长弗兰克·梅瑟维少将被俘(后来设法逃走了)。1942年1月,弗兰克·梅瑟维曾指挥英国第一装甲师在安特拉特被隆美尔偷袭并被击溃——仅仅过了四个月,弗兰克·梅瑟维又被打败了。

隆美尔尽管旗开得胜,但并未如愿完成冲到海边并切断贾扎拉防线上盟军后路的目标。隆美尔的装甲师头一回碰上配备七十五毫米火炮的"格兰特"坦克,被对手的实力吓了一跳。德军发现美制坦克远在己方坦克射程之外的地方就能击毁自己,唯有运来反坦克炮(其中三组是八十八毫米炮)才能继续向前推进。同时,德军坦克设法绕过英军装甲部队的两侧——英军的装甲部队及各旅彼此相距较远,更易遭到侧击。即便如此,截至1942年5月27日天黑时,德军付出惨重代价后只推进到位于卡普佐小道以北三英里、距离海边约二十英里处。隆美尔在日记中这样写道:"我们绕道贾扎拉防线背后击溃英军的计划没有成功……英军装备的新式美国坦克让我军元气大伤……我军一天内损失的坦克就占了总数的三分之一以上。"

1942年5月28日，隆美尔再次向海边发动进攻，但又失败了，甚至付出了更大代价。5月28日天黑时分，尽管隆美尔速胜的意图已经破产，但英军仍丝毫没有利用这个可以彻底打垮隆美尔的机会。此时，因为后勤部队必须冒着被英国装甲部队和空军截击的危险绕道哈凯姆井走很长一段路，所以隆美尔的处境变得更加糟糕了。隆美尔本人险些在乘车赶赴前线的路上被英军抓获，并在回到指挥所时更幸运地发现"英国人趁我不在的时候占领了我的参谋部"。德国非洲军可用的坦克仅剩一百五十辆，意大利军队可用坦克的仅剩九十辆，而英军仍有四百二十辆坦克可用。

在1942年5月29日的进攻受挫后，隆美尔命令突击部队建立防御阵地。隆美尔的防御阵地位置很危险——位于贾扎拉防线的后方，这就导致隆美尔和自己的其余部队被英国守军和长长的雷区隔开。如果说"负隅顽抗"的处境十分险恶，那么"负雷顽抗"的处境就更险恶了。

英国空军此后猛烈轰炸了隆美尔的阵地好几天。人们给英军的轰炸取了个恰当的名字——"釜"。随后，英国第八集团军从地面向隆美尔的部队发起进攻。报纸上捷报频传，说隆美尔现在已经被困住了。英军指挥部内也是一片心满意足，觉得隆美尔势必投降，不必太上心了。

然而，战局在1942年6月13日这天出现了变化。6月14日，尼尔·梅休因·里奇放弃了贾扎拉防线，迅速撤退到埃及和利比亚的边境，使图卜鲁格守军成为孤军。6月21日，隆美尔攻克贾扎拉防线，使三万五千名来不及撤退的盟军官兵沦为战俘，大量辎重

第5章 隆美尔胜利的高潮

也落入隆美尔之手。贾扎拉防线的沦陷是英国在第二次世界大战中除新加坡沦陷外遭遇的最大灾难。6月22日,英国第八集团军残部放弃了靠近塞卢姆的边境阵地,穿过沙漠,匆匆东逃,而隆美尔则在英军后面紧紧追赶。

为什么局势出现了如此大的逆转?历史上从未见过打得如此难解难分的战役,也没有人好好地梳理留下来的线索。"釜之谜"一直困扰着那些想站在英国一边记录这次战役战况的人,伴随"釜之谜"产生的一系列谎言搞得这些作者更加迷惑。

除了"隆美尔的坦克占优"这一谎言,另一个荒诞的说法被提了出来。局势逆转、英军损失大部分坦克都是在1942年6月13日这个不吉利的日子发生的。其实,"1942年6月13日"只是一连串灾难日的起点,我们只有从隆美尔的笔下才能找到解开"釜之谜"的主要线索。1942年5月27日,隆美尔曾写下了如下内容:

> 尽管局势危急、困难很大,但我对战果仍然满怀希望。因为尼尔·梅休因·里奇只是将装甲部队分散投入战斗,而我指挥的坦克部队刚好能歼灭分散的英军部队……英国人不该分散兵力……

隆美尔还记下了当时部署这个看似"十分暴露"的防御阵地的根本原因:

> 我很确定……英军不敢动用主力装甲部队打击佯攻贾扎拉防线的意大利军队,因为强大的德军装甲部队的阵地

此时正好可以威胁英军的后方……因此,我预见英国的机械化旅会继续在我军组织很好的防御阵地正面上撞得头破血流,并在这个过程中将力量耗尽。

隆美尔的估计完全正确。英军果然坚持分兵攻击德军阵地,并且为此付出了沉重代价。英军采取的进攻方法体现了其缺乏警惕性。隆美尔一边一次次击退英军的进攻,一边摧毁了位于自己背后由英国第一五零步兵旅在西迪穆夫塔防守的孤立"哨所",并开辟出一条可以穿越雷区的补给通道。

1942年6月5日,尼尔·梅休因·里奇曾向隆美尔阵地发动一次大规模——仍是分散兵力的——进攻,而德军则利用之前较长的进攻间歇期加强部署阵地。英军复杂的进攻计划遇到一系列挫折,变成了一阵不连贯的突击,被德军一一击退。截至6月6日傍晚,英军坦克数量已经因战损和故障从原来的约四百辆下降到一百七十辆。隆美尔趁英军乱成一团时发动钳形攻势,先击溃了印度第五师的一个旅,然后从后方将印度第五师的另一个旅包围,并在6月7日将其连同英军投入的支援印度第五师的火炮全部消灭。德军俘获了四个炮兵团加上四千名士兵,获得了重要"猎物"。

英军的装甲旅此时一筹莫展,组织的救援行动断断续续,彼此之间缺乏配合,而第七装甲师师长弗兰克·梅瑟维的缺席让这种缺乏配合的状况更严重。弗兰克·梅瑟维是在印度第五师师部被占领的傍晚被赶走的——这已经是他在战役中的第二次缺席了。

隆美尔还在试着切断第八集团军的一个重要部分。因为在1942年6月1日切断西迪穆夫塔"哨所"后,隆美尔曾经派出过一

第5章　隆美尔胜利的高潮

个德军战斗群加上意大利的里雅斯特师的兵力去进攻位于战场南侧由自由法国第一旅在哈凯姆井防御的更加孤立的"哨所"。在法军的顽强抵抗下，即便是隆美尔亲自上阵指挥，最后德军还是被迫撤退。隆美尔说："这是我在非洲遇到的最顽强的战斗。"隆美尔的部队花了十天时间才突破法军防御，而法军主力部队已经趁夜逃脱了。

现在，隆美尔可以放手发动一次时间更长的新进攻了。尽管英国装甲旅得到了增援，增加到三百三十辆坦克，比德国非洲军的坦克多出一倍，但德军仍感到胜利在望，而英军的士气则大为动摇。1942年6月11日，隆美尔挥兵东进；6月12日，隆美尔用一个师的兵力夹攻英国三个装甲旅中的两个，将英军限制在地理位置较狭窄的地方，并集中火力打击。如果弗兰克·梅瑟维不是因为在去见集团军指挥官的路上——这已经是三个星期以来他第三次不在部队了——碰上德军进攻导致与部队分开，有指挥官的英军说不定就会努力突围成功。

1942年6月12日15时到16时，英军的两个装甲旅全部落入隆美尔的陷阱，只有残部侥幸逃脱。赶来支援的第三个旅则被已经占据有利位置的德军重创。

1942年6月13日，隆美尔转而向北进军，将英军挤出"骑士桥哨所"的同时继续骚扰英军残余装甲部队。

1942年6月13日天黑时，英军就只剩一百辆坦克了。这时，隆美尔首次在坦克实力上占据了优势。他甚至可以趁己方控制战场的时机来维修受损的坦克，而英军则不行。

1942年6月14日，隆美尔派遣非洲军冲过阿克鲁马，向北面

滨海公路挺进。这让驻守贾扎拉北面的英军两个师置身于被分割包围的巨大危险之中。然而,德军在前进途中遇到了英军雷场,直到傍晚才通过。6月14日晚上,疲惫不堪的德军装甲部队官兵停了下来,不顾隆美尔"继续前进,切断公路"的命令,睡大觉去了。当时正沿着滨海公路撤退的南非部队的车队真是幸运极了。不过,德军在6月15日早晨恢复前进时,还是截住了部分南非后卫部队。驻守贾扎拉防线的英国第五十师从意大利部队的方向往西突围成功,接着先往南再转东,绕了一大段路到达边境后才勉强逃脱。南非第一师在沿着滨海公路逃脱后也是一路撤退一百多英里回到边境,距离图卜鲁格七十多英里。

克劳德·奥金莱克的本意并非让英军大幅度撤退。他下的命令是让第八集团军在图卜鲁格以西守住一条防线。但尼尔·梅休因·里奇并未将镇守贾扎拉防线的两个师已经退往边境地带的消息告诉克劳德·奥金莱克。等克劳德·奥金莱克知道有这事时已经来不及制止了。更糟的是,这样一来,英军就落入了"两头落空"的麻烦中。

1942年6月14日,丘吉尔在英军撤退时发去一封电报说:"我认为守住图卜鲁格是没问题的。"丘吉尔在6月15日和6月16日两天发去的电报中一再重申这一点,却不料这个千里迢迢从伦敦赶来非洲的忠告又铸成大错:因为英军在匆忙把第八集团军撤到图卜鲁格的同时还把其余部队撤退到了在后方的边境地带。这样一来,隆美尔就获得了将一时来不及建立稳固防线的图卜鲁格孤军彻底压制的机会。

隆美尔很快在装甲部队抵达海边后再次转而向东,绕过图卜

第5章 隆美尔胜利的高潮

鲁格环形防线,将布置在第八集团军身后的"哨所"孤立或消灭,随后就攻克了位于图卜鲁格以东的甘布特机场。德军在进攻中还把正在往边境撤退的英国装甲旅残部赶走。不过,隆美尔因时机未到而没有下令追赶,只是命令部队向图卜鲁格发动进攻。图卜鲁格守军得到增援后,主要由亨德里克·克洛普将军指挥的南非第二师(含印度第十一旅)、禁卫旅和配备七十辆坦克的第三十二集团军坦克旅组成。但英军并没有预料到隆美尔部队在向东前进后还会发起进攻,因此也就没有做战斗准备。1942年6月20日5时20分,隆美尔动用火炮和俯冲轰炸机对英军防线的东南角狂轰滥炸,紧接着就发动步兵突击。6月20日8时30分,德国坦克通过在英军防线上打开的一个缺口长驱直入。隆美尔亲临前线,督促装甲部队快速推进。6月20日下午,德军已经击垮英军乱成一团的抵抗,杀进了图卜鲁格城区。6月21日早上,亨德里克·克洛普将军做出了"无力抵抗、无路撤退"的结论,最终做出了投降的决定。虽然有小股英军部队逃脱,但还是有三万五千人沦为俘虏。

这次灾难的最后结果就是,尼尔·梅休因·里奇的残部退入埃及,而隆美尔则率军跟在尼尔·梅休因·里奇的身后穷追猛打。在追击战中,从图卜鲁格缴获的物资帮了隆美尔大忙。根据德国非洲军参谋长弗里茨·拜尔莱因的说法,隆美尔在追击时使用的车辆百分之八十都是缴获的。然而,缴获的物资尽管能增强隆美尔部队的机动性,方便部队行军,并更快地为部队提供食物与燃料,却不能直接增强隆美尔部队的战斗力。1942年6月23日,隆美尔的部队开到埃及和利比亚边境。德军和意大利军队分别只

剩四十四辆及十四辆可用坦克,但这时隆美尔仍在遵循"穷寇必追"的格言行事。

在1942年6月21日德军占领图卜鲁格后,德国陆军元帅阿尔贝特·凯塞林从西西里岛飞来,要求隆美尔停止在非洲战场继续前进,并按照事先约定,将空军部队调回,用来进攻马耳他岛。意大利军队在非洲的指挥部同样反对继续进攻。6月22日,埃托雷·巴斯蒂科[①]已经给隆美尔下了停止前进的命令,但隆美尔以"不接受忠告"回应,还半开玩笑地请埃托雷·巴斯蒂科在开罗共进晚餐。只要打了胜仗,隆美尔就可以便宜行事;再加上希特勒为奖励战功将隆美尔晋升为元帅的消息传来,隆美尔可以更加为所欲为。同时,他也直接请求希特勒和墨索里尼,允许自己率军继续前进。希特勒及其军事顾问本就对进攻马耳他的意图心存疑虑,认为意大利海军没能力对付英国海军,在这种情况下让德国伞兵降落到马耳他,会面临增援及补给困难。5月21日,希特勒就已经做了"一旦隆美尔攻下图卜鲁格,就放弃在马耳他空降的'赫拉克勒斯行动'"的决定。墨索里尼眼见有一个比"赫拉克勒斯行动"更容易成功的替代计划也松了一口气。因此,隆美尔很快就在6月24日收到了"领袖[②]同意装甲部队追击已逃往埃及之敌的计划"这一命令。几天后,墨索里尼乘飞机到德尔纳,在随行的另一架飞机上还运了一匹大白马——"领袖"想要一个盛大的开罗入城式。根据意大利方面的资料,即便是阿尔贝特·凯塞

[①] 意大利元帅,当时是北非意大利军司令。因为当时德军看不起意大利军队,因此他和隆美尔关系不佳。——译者注
[②] 此处"领袖"是指墨索里尼。——译者注

第5章 隆美尔胜利的高潮

林,似乎也觉得进攻埃及比在马耳他搞突击作战要好。

隆美尔尚未到达战区,英军就已经从防线上仓促撤退了,足见隆美尔的大胆进军确实是有道理的。隆美尔的进攻是士气因素对战局影响的最显著范例,也是拿破仑·波拿巴的经典名言"在战争中,比起军备物资,士气更具决定作用"的最好证明。在尼尔·梅休因·里奇发电报给克劳德·奥金莱克解释放弃阵地是"以空间换时间"时,英军尚有三个几乎没有受损的步兵师,另有一个师的新部队在赶来增援的路上。英军能投入作战的坦克也比德军多两倍。

但图卜鲁格传来的骇人战况让尼尔·梅休因·里奇再也不想坚守阵地了。于是,1942年6月20日深夜,也就是亨德里克·克洛普做出投降决定的六个小时之前,尼尔·梅休因·里奇做出了放弃抵抗的决定。

尼尔·梅休因·里奇想在马特鲁港防守,用从边境撤回的三个师及新西兰第二师与隆美尔决战。然而,克劳德·奥金莱克在1942年6月25日接替尼尔·梅休因·里奇担任第八集团军指挥官。他在与首席参谋埃里克·多尔曼-史密斯研究后撤销了坚守马特鲁港的命令,决定在阿拉曼打一场运动战。打运动战是一个艰难的决定,不仅意味着转移部队和物资将变得十分困难,还将引起英国国内,特别是英国政府的恐慌。克劳德·奥金莱克拥有清醒的头脑和坚定的意志,虽然从物质的对比上看,英军撤退是没有道理的,但由于马特鲁港阵地很容易被迂回包抄,并且双方士气对比悬殊,因此撤退或许才是上策。另外,尽管从前线撤回来的部队士气未被完全摧毁,但部队的信心已经受损,尚处于混乱状态。新西兰历史学家、陆军少将霍华德·基彭伯格爵士曾目睹英军"乱成一团"地撤退到马特鲁港:"无论是步兵、装甲兵还是炮兵,全部乱成一团,找不出一个完整的作战单位。"[1]隆美尔不给英军整编的时间,快速追击;尼尔·梅休因·里奇"以空间换时间"的想法根本就做不到。

1942年6月23日夜,隆美尔在收到罗马方面"便宜行事"电报后,就趁着月色跨过了边境。到6月24日夜,隆美尔已经率部推进了一百多英里,紧跟着英军到达了位于西迪拜拉尼以东较远的海岸公路,但只俘获一小股英军后卫部队的官兵。6月25日,隆美尔的部队已经逼近英军原先在马特鲁防守的阵地及阵地以南的地区。

考虑到隆美尔的部队可轻易绕过马特鲁,英军将威廉·戈特麾下的第十三军机动部队部署在战场南部的沙漠地带,由新西兰师负责接应,而威廉·霍姆斯指挥的、下辖两个师的英国第十军则防守马特鲁防线。英国第十三军和英国第十军之间有一条宽十英里的防御空地。英军将一片雷场布置在这里。

因为兵力不足,德军没有发动一次准备周全的攻击的时间。在这种情况下,隆美尔必须依靠快速奇袭才能克敌制胜。英军装甲部队数量已经恢复到约一百六十辆,其中近半是M3"格兰特"坦克;而德军只有六十辆坦克,其中四分之一是Ⅱ号轻型坦克,另有少量意大利坦克。德军三个师的总兵力不足两千五百人,而六个意大利师只剩大约六千人。隆美尔以如此弱的兵力发动进攻,完全要靠大胆冒险,而轴心国军队仅靠士气和速度,竟然获

---

[1] 霍华德·基彭伯格:《步兵旅长》,第127页。——原注

第 5 章 隆美尔胜利的高潮

得了成功。

1942年6月26日下午，轴心国以三个减员严重的德国师打先锋，发动进攻。两个德国师开到了布有雷场的地带，德国第九十轻型师侥幸碰上布雷面积不大的地带，在6月26日午夜时便已经越过雷区十二英里。6月27日傍晚，德国第九十轻型师抵达滨海公路，切断了马特鲁英军的直接退路。德国第二十一装甲师面对的是布雷面积较大的雷区，虽然花了很长时间才通过，但在6月27日天亮时也前进了二十英里，然后转头攻打位于明卡尔凯姆的新西兰师后方，在将新西兰师部分运输部队打散后才遭到阻击。但第二十一装甲师迅速、深入的突击给英军退路构成了很大威胁，威廉·戈特被迫在6月27日下午下令英军退兵，撤退不久就变成了溃退。新西兰师成了孤军，所幸还是在6月27日天黑后冲出了轴心国包围圈。守卫马特鲁防线的英国第十军直到6月28日天亮时才得知第十三军已经撤退的消息——此时第十军的退路已经被轴心国军队切断了九个小时。不过，6月29日夜，第十军近三分之二的官兵化整为零，散作许多小队从南面成功突围。然而，还是有六千人被俘，比隆美尔整个突击部队的人数都要多。英军抛弃了大量辎重。这些物资帮了隆美尔大忙。

同时，隆美尔的装甲先头部队还在快速推进，速度如此之快，令英军想在富卡稍做停歇再做打算都不行。德军很快就抵达位于富卡的滨海公路，在1942年6月28日傍晚追上了一个在进攻开始时就被打垮的印度旅残部，并将其击溃。6月29日早晨，隆美尔的装甲先头部队包围了从马特鲁逃出的几个纵队。第九十轻型师负责在马特鲁肃清盟军残部，于6月29日下午沿着滨海公路继续向东挺进,追上了隆美尔装甲先头部队。6月30日早晨,隆美尔兴奋地写信给妻子说:"我离亚历山大只有一百多英里了!"6月30日傍晚,隆美尔距离亚历山大还有大约六十英里——看上去,他手里已经握着打开埃及大门的钥匙了。

第6章 非洲战场的转折点

The Tide Turns in Africa

第 6 章 非洲战场的转折点

1942年6月30日,德军逼近阿拉曼防线。为了等待意大利军队,德军实际上只前进了一小段距离。为了集中兵力,隆美尔稍做暂停,却因此坐失良机。当时英军装甲旅残部仍在滨海公路以南的沙漠里驻扎,对自己败退时,隆美尔的装甲部队已经超过自己毫不知情。只是德军追兵不多,英军这才在退回阿拉曼防线前没被隆美尔收入"口袋阵"并困住。

可能是因为收到与英军防御阵地兵力有关的错误情报,隆美尔才暂停前进的。英军的守备力量其实由分布在三十五英里长的带状区域,即从沿海地区直通盖塔拉洼地陡坡上的四个"哨所"组成。一定程度上,盖塔拉洼地的盐沼和软沙限制了侧翼包抄行动。英军最大、最强的哨所在阿拉曼沿海地区,守军是南非第一师,旁边是一个位于代尔谢因的新建"哨所",这个哨所与阿拉曼沿海的哨所类似,由印度第十八旅驻守。第三个哨所在七英里外,叫"巴卜盖塔拉哨所",德军叫它"卡拉特阿卜德",由新西兰第六旅驻守。然后是十四英里外的纳克卜德瓦伊斯哨所,驻扎着印度第五师的一个旅。三个师外加原来驻守马特鲁港的两个师的残部组成的小型机动化纵队负责掩护每个哨所之间的空隙。

1942年7月1日，星期三。在制订作战计划时，隆美尔不知道代尔谢因新设置了哨所，也不知道自己已经超过了正在败退中、目前刚刚回到阿拉曼的英国装甲部队。因此，隆美尔估计英军装甲部队可能已经被调到南面去掩护侧翼，并据此制订了"先往南发动一次牵制性攻击，然后再命令非洲军迅速转北，突破阿拉曼和巴卜盖塔拉之间那段阵地"的计划。结果非洲军就这么撞上了"未曾发现"的代尔谢因哨所，一直被牵制到傍晚才将其攻占，而代尔谢因哨所大部分守军被俘虏了。英军装甲部队的救援姗姗来迟，尽管无法救援"哨所"，但起到了阻止非洲军继续前进的作用。隆美尔下令，轴心国军队趁着月色继续前进。但英国空军利用月光轰炸了德军供给纵队，挫败了隆美尔的计划。

1942年7月1日是北非战局最至关重要的时刻。与盟军后来在8月底击溃隆美尔的再次进攻和最终在10月打得隆美尔撤退的作战相比，这一天的战局算得上是真正的转折点。因为结果出人意料，10月的战役被称为"阿拉曼战役"。然而，实际上第二次世界大战中有一系列的"阿拉曼战役"，其中"第一次阿拉曼战役"才是关键。

听说隆美尔来了阿拉曼，英国舰队急忙逃离亚历山大港，经苏伊士运河退入红海，而开罗的英军指挥部则匆匆烧毁文件，指挥部的烟囱因此冒出滚滚黑烟。士兵们甚至打趣，管这叫"圣灰星期三"①。参加过第一次世界大战的老兵都记得，这个"圣灰星

---

① "圣灰星期三"，基督教节日，这一天要举行涂灰礼，即把前一年在棕枝主日祝圣过的棕枝烧成灰后涂在教友的额头上，作为忏悔改过的象征。这表明英军认为士气低迷，并认为自己无法战胜隆美尔。——译者注

第6章 非洲战场的转折点

期三"也是1916年英军有史以来损失最惨重、在开战第一天就损失六万人的索姆河战役的纪念日。开罗人看见英军烧文件产生的纸灰,自然认为英军要从埃及逃跑,因此都争着上火车逃走,将火车站挤了个水泄不通。外界将开罗发生的一切当作英军即将输掉在中东的战争的标志。

与后方的惊慌失措形成鲜明对比的是,1942年7月1日天黑时,战局的转机已经出现,现在反倒是前线的盟军比较有信心。

1942年7月2日,隆美尔继续发动进攻,但德国非洲军能战斗的坦克只剩下不到四十辆,士兵也非常疲劳。进攻直到7月2日下午才重新开始。然而,不久,两队英军坦克开来,这让德国非洲军不得不停止进攻。一队英军坦克拦住德军去路,一队从侧面包抄德军。克劳德·奥金莱克沉着应对,找到了隆美尔进攻部队的弱点,并安排了一次决定性的反击。虽然克劳德·奥金莱克的反击计划在执行时遇到阻碍,打垮隆美尔的希望最终落空,但这次反击也让隆美尔的目标无法实现了。

1942年7月3日,隆美尔再次发动进攻。然而,德国非洲军只剩二十六辆能作战的坦克了。7月3日早晨,德军在东进途中被英军装甲部队阻击,但还是在下午的进攻中前进了九英里才被挡住。英军还击退了意大利阿里埃特师发动的集中进攻。在战斗中,一个新西兰营(第十九营)向意大利军队侧翼发动突袭,几乎将其炮兵部队全部俘获,"余下的都吓得逃走了"[1]。阿里埃特师打了败仗,显然是过度紧张导致的。

---

[1] 《隆美尔文集》,第249页。——原注

1942年7月4日，隆美尔忧伤地给家里写信道："不幸的是，战局的发展不能如我们所愿。对手的抵抗太顽强，我军的力量快耗尽了。"隆美尔发动的进攻不仅每次都被打退，还会遭到英军反击，这样下去迟早会被英军击败。隆美尔的部队人数太少、太疲惫，暂时已经无力发动新一轮的进攻了。明知停下就意味着让克劳德·奥金莱克趁机调来援军，隆美尔也只能无奈地暂时停下来，让部队休整。

克劳德·奥金莱克已经重新掌控了战场上的主动权，甚至在援军到来前就快反败为胜了。克劳德·奥金莱克的作战计划和1942年7月3日的作战计划大致相同——用查尔斯·诺里指挥的第三十军抵挡隆美尔装甲部队的进攻，并派位于战场南部、由威廉·戈特指挥的第十三军绕到隆美尔部队的后方发动进攻。不过，虽然第十三军也配备了最近经过改编的第七装甲师，但英军装甲部队主力实际上在战场北部，隶属于第三十军。第七装甲师现在被称作"轻型装甲师"，麾下有一个配备装甲车和M3"斯图亚特"轻型坦克的摩托化旅。第七装甲师攻击力不强，却胜在机动灵活，可以在强大的新西兰师攻打隆美尔部队侧翼时绕到后方发动进攻。

不幸的是，英军的无线电保密工作不到位，德军监听部门收听到克劳德·奥金莱克的情报后便向隆美尔发出了警报。为了应对英军的围攻，隆美尔调回了第二十一装甲师。在执行克劳德·奥金莱克的计划时，英军指挥官显得举棋不定，德军的反击则让英军指挥官更加犹豫。德国第二十一装甲师被调回时，英国第一装甲师的部分M3"斯图亚特"轻型坦克开始向前推进。这次

第6章 非洲战场的转折点

原本不重要的进攻反倒起了很大作用——德国第十五装甲师残部只剩十五辆坦克和大约两百名步兵,一时吓得惊慌失措。一向顽强的德军竟然方寸大乱,其处境之危险可想而知。但英国的装甲部队及其他部队并没有抓住机会发动总攻,不然真的有可能打响具有决定意义的一仗。

1942年7月4日晚上,克劳德·奥金莱克比过去更加坚决地命令所属部队进攻到底:"我们的目标是摧毁敌人,把他们越往东赶越好,要打得敌人溃不成军……不要给敌人喘息的机会……第八集团军要发动进攻,将敌人就地消灭。"命令虽然坚决,但在传达时并没有将克劳德·奥金莱克本人的昂扬斗志一并送达各部队。克劳德·奥金莱克把战术指挥部前移到第三十军指挥部附近,但距离前线尚有二十英里,离战场南部的第十三军指挥部也有二十英里。德军装甲部队的指挥部离前线只有六英里,隆美尔本人也常常跟着部队上前线鼓舞士气。一些英国的正统派军人,甚至德国正统派军人都对隆美尔喜欢经常离开司令部直接指挥战斗的风格颇有微词。亲临前线指挥作战是对古代大将的做法及其发挥作用的一种再现。直接指挥战斗尽管给隆美尔带来了一些麻烦,却是他一次次获得胜利的最根本原因。

1942年7月5日,在执行克劳德·奥金莱克的命令后,第十三军取得的战果很少,第三十军取得的战果更少。在进攻隆美尔后方时,新西兰师的一些旅担负的其实是主攻任务,但这些旅既不了解克劳德·奥金莱克的意图,也不知道自己担负的是与隆美尔决一死战的任务。或许我们应该批评克劳德·奥金莱克,他不该只把主力装甲部队留给第三十军,却不分给第十三军用于后方

进攻。不过,认为克劳德·奥金莱克将装甲部队派给第十三军用于后方进攻就一定能比在战场中央地带发挥更大威力是没有道理的,因为隆美尔的部队力量薄弱,如果对其发动中路进攻是很容易得手的。现在,英国第一装甲师的兵力已经增加到九十九辆坦克,但隆美尔的第十五装甲师只剩十五辆坦克,整个德国非洲军只剩不到三十辆坦克了。

因此,对英军为何没有取得决定性战果,最好的"理由"——也基本上是最合理的解释——就是长期紧张导致的极度疲乏。这导致北非战场在1942年的第一个关键时期以双方进入相持状态收官。

总而言之,虽然战局最终导致对德意不利的局面,但目前对德军和意大利军队也可能是极其有利的。表面来看,英军的处境似乎从没有这样危险过。但到1942年7月5日时,隆美尔的部队非但未像过去那样取得全面胜利,反倒快要全线崩溃了。

当时,战场上出现了短暂的平静。意大利步兵师的残部开进当时刚刚获得短暂平静的北部前线防区接防,让德军得以按照隆美尔制订的计划,在战场南面发动一次新的突击。然而,隆美尔于1942年7月8日准备尝试发动突击时,他麾下的三个德国"师"的战斗力虽然得到增强,却也不过是区区五十辆坦克和约两千名步兵的水平,而七个意大利"师",即便算上新加入战场的利托里奥装甲师,加起来也只有五十四辆坦克和大约四千名步兵。英军得到了大量增援,包括曾经在1941年坚守过图卜鲁格的澳大利亚第九师,以及两个加入后让英军坦克总数提升至两百多辆的新坦克团。第三十军迎来了新军长,那就是曾指挥第五十师的威廉·拉姆斯登中将。

第6章 非洲战场的转折点

克劳德·奥金莱克正想让隆美尔将主攻方向转向南方，因为这有利于克劳德·奥金莱克动用澳大利亚军队沿着滨海公路向西进攻的新计划的实施。新西兰军队在德军往南移动时撤出了巴卜盖塔拉哨所。因此，德军在1942年7月9日进攻的战果，就是占领一个"空空如也的哨所"而已。

1942年7月10日清晨，澳大利亚军队在沿海地带发动进攻，快速打垮防守的意大利师。虽然德军火速赶到，并在挡住澳大利亚军队的同时夺回了部分失地，但隆美尔因滨海公路供给线受到巨大威胁，只能放弃往南进攻的计划。

克劳德·奥金莱克立刻趁机设法向鲁瓦伊萨特岭上的隆美尔已被削弱的防线中心发动了一次冲击。但克劳德·奥金莱克的妙计因为下级指挥官执行不当，加之装甲部队与步兵配合不够默契，再次遭遇失败。相反，德军正是由于步坦协同良好，才多次在作战中获胜。

因为英军步兵中素有的"步兵在前进中遭到德国装甲部队反击是否会得到己方装甲部队接应"的怀疑愈演愈烈，所以装甲兵与步兵之间的战术配合问题逐渐变得严重。

> 当时不只新西兰师，第八集团军全军上下都在怀疑，甚至憎恨我们的装甲部队。到处能听到其他兵种被装甲兵拖累的传闻，说"每逢需要时，坦克就不见踪影"已成规律了。①

---

① 霍华德·基彭伯格：《步兵旅长》，第180页。——原注

即便如此,英军的进攻仍然把隆美尔的薄弱兵力搞得很紧张。因此,隆美尔向北发动的一次反攻也是无果而终。英国坦克虽然在赶往支援对抗德国坦克的英军步兵时又迟到了,但成功将大批意大利步兵吓得投降。1942年7月17日,隆美尔在家书中这样写道:

> 从军事上来说,现在的局势对我而言简直糟透了。敌人正用自己的优势,特别是步兵优势,将意大利军队各个击破。德军独木难支,如此情况,真能把人急哭。①

1942年7月18日,英国第七装甲师开始威胁隆美尔部队的南侧。同时,克劳德·奥金莱克准备用来发动一次更猛烈攻势的援军赶到了。他还是准备突破德军防线的中心,地点选在了鲁瓦伊萨特岭以南靠近米雷尔的地方。英军把初抵战场、配备一百五十辆"瓦伦丁"坦克的第二十三装甲旅投入进攻。但第二十三装甲旅下属三个团中的一个团被派去协助澳大利亚军队在北面米泰里亚岭进行的一次辅助性进攻。

第八集团军麾下各旅都得到了新的增援,另外得到了第二十三装甲旅的支持,这使前线英军的坦克数量已经接近四百辆。因此,取胜的概率更大了。隆美尔的非洲军只剩不到三十辆坦克,比自己对手估计的还要少。然而,德军运气不错,并且判断准确,将坦克恰好部署在与英军主攻位置接近的地点。更巧的

---

① 隆美尔:《隆美尔文集》,第257页。——原注

第6章 非洲战场的转折点

是,英军在主攻位置附近只投入了少量坦克参战。

克劳德·奥金莱克计划使用步兵,也就是印度第五师,在一条很长的战线上沿着鲁瓦伊萨特岭及南面的山谷一直往前进攻,通过夜袭一举突破德军防线中心。在天亮时,新到的第二十三装甲旅要赶到山谷靠近米雷尔的位置,等第二装甲旅赶上就乘胜追击。克劳德·奥金莱克的新计划不可不谓精心策划,只是没有执行必需的、要求参谋们详细拟定的作战细节。计划的后续步骤在军一级会议上没有协调得当,威廉·戈特的下属对于彼此任务到底是什么始终稀里糊涂。

1942年7月21日夜,英军进攻开始。在新西兰部队刚刚抵达目的地时,德军坦克摸黑发动了反击,造成了该部的混乱。7月22日天亮时,德军将打头的新西兰旅击溃。原本应该从侧翼掩护新西兰旅进攻的第二十二装甲旅并未在场——该旅旅长与德军正相反,曾公开宣布坦克不能在夜间行动。

印度第五师的夜袭任务没有完成。更糟的是,该部也没能在雷区为伴随进军的第二十三装甲旅开辟缺口。隶属第二十三装甲旅的第四十四皇家坦克团和第四十六皇家坦克团曾在1942年7月22日早晨进攻时迎面碰上印度败兵,但竟没打听清楚沿途的地雷是否被清除干净。于是,两个皇家坦克团英勇地向前进攻,完成了新西兰人口中的"巴拉克拉瓦式冲锋"[①]——新西兰人这么说固然是出于钦佩英军的勇气,但这个词对战场上实际情况的描绘十分准确。英军很快发现雷区里没有缺口,自己已经陷入地

---

① 来自1854年的巴拉克拉瓦战役。——译者注

雷、德军坦克及德军反坦克炮的三重陷阱之中。最后，只剩十一辆坦克幸存归来。英军进攻失败，得到的唯一补偿是帮助步兵，特别是新西兰部队恢复了信心——现在步兵终于相信，己方装甲部队不会因过于谨慎而不顾自己死活了。第二十三装甲旅的另一个团在北部的进攻表现出了一样的拼劲儿，却付出了一天被击毁一百一十八辆坦克的沉重代价，而对面的德军仅损失三辆。即便如此，英军的坦克实力仍比隆美尔强九倍。然而，因为从进攻一开始就失败，英军士气低落。因此，虽然拥有压倒性优势兵力，但英军没有重新发起进攻。

英军用了四天时间整编和重新部署部队，再次从北面发动进攻，试图突破隆美尔的防线。起初，澳大利亚军队借着月光攻占了米泰里亚岭，南面的英国第五十师战绩也不错。本来英国第一装甲师应紧跟着冲过去，但该师师长认为在雷区中开辟的道路不够宽，因此耽误了进攻时间。英国第一装甲师的延误破坏了全面进攻的前景。1942年7月27日8时、9时左右，英军装甲先头部队才刚开始通过雷区，不久就被北调的德国坦克挡住。雷区右侧的英军步兵则被隆美尔指挥的德军断了后路，接着被德军的一次反攻打垮。澳大利亚军队也被赶出了山岭，部分部队同样掉入陷阱之中。

现在，克劳德·奥金莱克只好不情不愿地下令暂停进攻。因长时间战斗，很多部队都呈现出疲惫姿态。这样的部队一旦被对手孤立，很可能会投降。在狭窄的战线上战斗明显是对敌人有利的。隆美尔总算得到了增援。如果英军现在继续进攻，只会让战况对德军更加有利——1942年8月初，隆美尔麾下的坦克实力已经

第6章 非洲战场的转折点

比7月22日多出四倍有余。

虽然进攻以英军失败而告终,但英军的处境比刚开始时好多了。我们可以引用隆美尔对这一战的最后判断下个结论:"虽然英军在阿拉曼战役中损失比我们大,但对克劳德·奥金莱克而言,这些损失其实不大,因为克劳德·奥金莱克唯一在乎的事就是要阻止我军前进——很不幸,他做到了。"①

尽管在1942年7月的阿拉曼战役中,英国第八集团军伤亡一万三千多人,但俘获了包括一千多名德军在内的七千多名轴心国官兵。如果英军在执行作战计划时更加有力、有效,就会以更小的代价取得更大的战果了。即便局面已经如此,双方损失兵力总数差别仍不大。然而,实际上隆美尔比克劳德·奥金莱克更加承受不了如此损失。当时英军的增援部队已经源源不断运进埃及,这意味着隆美尔的作战多半要以惨败收场。

隆美尔自己在记录中清清楚楚地写着,1942年7月中旬他险些就要失败。7月18日,隆美尔在写给妻子信中的一段自白更清楚地阐明了当时的形势:"昨天(7月17日)是特别艰难的关键一日。我军又撑过来了,但不能长久这样下去,要不然前线就崩溃了。在阿拉曼的战斗是我军事生涯中经历的最困难时期。我们当然都知道援兵就要到了,但我们不知道自己能否活着看见援兵到来。"②四天后,即7月22日,隆美尔用更少的预备队迎战英军一次更猛烈的进攻,并再次幸运地撑了过来。

---

① 隆美尔:《隆美尔文集》,第260页。——原注
② 隆美尔:《隆美尔文集》,第257页。——原注

后来,隆美尔在记录中高度赞扬了英军司令克劳德·奥金莱克:"克劳德·奥金莱克将军……在阿拉曼亲自挂帅指挥作战,调动部队的方法十分高明……看来,克劳德·奥金莱克将军显然是在用冷静的眼光观察局势,他是不会因为我军的行动就随随便便接受'二等'解决办法的——后来发生的事情就是明证。"①

然而,如果把一场战役比作一列火车,在足智多谋的参谋长埃里克·多尔曼-史密斯协助下,克劳德·奥金莱克搞出的每一个"头等"解决办法都在下属"末等"的执行"车厢"上坏了事。"车厢通道"都被堵上的一个重要原因是,战场上的英军其实是来自英联邦各国军队混编成的杂牌军。这些杂牌军都处于紧张状态,指挥官被各自政府提出的种种令人焦虑的问题搅得心神不宁。虽然1942年这几个月的不愉快经历令人焦虑十分正常,但战争中常有的阻力因此大大增加了。

1942年7月作战结束后,北非盟军表现出的失望情绪,自然让人们想起了6月因领导错误而发生的灾难,因此产生了坚决更换高级指挥官的迫切心情。人们通常会把批评对准最高层,而不是出差错的下层。克劳德·奥金莱克反攻失败,官兵信心再次动摇,当下最重要的是恢复官兵的信心。而无论对被撤换的高级指挥官本人来说有多么不公平,"换帅"在这样的条件下都是最简便的补救措施和强心剂。

8月4日是英国加入第一次世界大战的纪念日。丘吉尔在1942年的这一天飞抵开罗,亲自查看形势。虽然丘吉尔承认克

---

① 隆美尔:《隆美尔文集》,第248页。——原注

第6章 非洲战场的转折点

劳德·奥金莱克"挡住了逆流",还把这句话说出了口,但今天回想起来,当时其实还不能明显看出局势有转变的迹象:隆美尔的部队离亚历山大和尼罗河三角洲仍只有近得令人不安的六十英里。这时,丘吉尔已经在思考更换指挥官的人选,后来竟然发现自己对克劳德·奥金莱克施加的、要求尽早再次发动进攻的压力被坚决拒绝了。当克劳德·奥金莱克为了要让增援部队有适应沙漠气候及进行沙漠战训练的时间而坚持必须等到1942年9月初才发动进攻时,丘吉尔就不再只是想想而已,而是下定决心要更换指挥官了。

经过与应邀飞赴埃及的南非总理史末资讨论后,丘吉尔换人的决心更加坚定。丘吉尔最开始希望十分干练的陆军总参谋长、陆军上将艾伦·布鲁克来接替克劳德·奥金莱克。但出于谦让及权衡利弊,艾伦·布鲁克不愿意离开英国陆军部到埃及上任。因此,经过进一步商量,丘吉尔发电报给英国战时内阁的其他阁员,举荐哈罗德·亚历山大担任总司令,并任命威廉·戈特为第八集团军司令。威廉·戈特虽然勇敢,但作为军长,在最近几次战役中的表现很不高明,选这样的人当集团军司令着实令人感到意外。不过,威廉·戈特在1942年8月7日乘飞机去开罗的途中因空难丧命,因此,走运的蒙哥马利被从英国调来填补空缺。与蒙哥马利同机飞来的还有两位新军长:陆军中将奥利弗·利斯担任第三十军军长,陆军中将布赖恩·霍罗克斯则担任第十三军军长。

然而,一系列人事变更换来的是一个让人啼笑皆非的结果:英国重新发动进攻的日期被拖得比克劳德·奥金莱克原定的还要晚了——已经等得不耐烦的英国首相丘吉尔必须要向坚持等待战备和训练都完成的蒙哥马利的决心妥协。不过，虽然这样看似是隆美尔获得了主动权，但他在阿拉姆哈勒法战役中获得的只不过是一次看似"争取胜利"，实际却是"作茧自缚"的机会。

1942年8月，隆美尔只得到了两支援兵——分别是从载具上"跳下来"作为步兵使用的一个德国伞兵旅和一个意大利伞兵师。之前已经投入作战的那些师通过征兵和新的装备供应，损失已经得到很大程度的弥补，其中意大利军队得到的援助比德军得到的援助要多很多。隆美尔计划在1942年8月底发动进攻。截至进攻前夕，隆美尔麾下的两个装甲师已经配备了约二百辆装备火炮的坦克。意大利军队配备的坦克还是老款，随着战事的发展变得更加破旧了。德军坦克中，七十四辆Ⅲ号坦克配备了五十毫米长管炮，二十七辆Ⅳ号坦克配备有七十五毫米长管炮，在装备性能方面有了质的提升。

英军在前线的坦克总数已经增加到七百多辆，其中约一百六十辆是M3"格兰特"式坦克。不过，在这次进行时间很短的装甲战中仅动用了其中的大约五百辆。

英军仍用1942年7月的四个师驻守前线，并重组了这些部队：第七装甲师还是留在前线，第一装甲师则调回后方进行重整，防区由亚历山大·盖特豪斯少将指挥的第十装甲师（包括第二十二装甲旅和新到战场的第八装甲旅）接管。阿拉姆哈勒法战役开始后，重新整备完毕的第二十三装甲旅也划归第十装甲师指挥。英军还把一个新到的步兵师调往前线，守卫阿拉姆哈勒法的后方阵地。

由埃里克·多尔曼-史密斯设计、克劳德·奥金莱克在任时批准的防御计划并未发生重大改变，外界却在阿拉姆哈勒法战役取

第6章 非洲战场的转折点

胜后广泛报道英军在更换指挥官后将防御计划全盘更换的消息。因此，本书应该强调哈罗德·亚历山大在其公文集中以诚实态度记录的事实，这有助于粉碎那些传说与议论。哈罗德·亚历山大在谈及自己接任克劳德·奥金莱克的司令职位时写道：

> 原计划是尽可能坚守位于大海和鲁瓦伊萨特岭之间的地带，并依托阿拉姆哈勒法山岭上的一个坚固的既设阵地从侧翼威胁鲁瓦伊萨特岭南面的人和来自敌人的进攻。指挥第八集团军的蒙哥马利将军原则上同意了这个计划，我也赞成。一旦敌人给我们足够的时间，蒙哥马利就能加强我军阵地南侧，从而改善我军的处境。①

英军在隆美尔发起进攻前就已经加强了阿拉姆哈勒法阵地，但阿拉姆哈勒法阵地的实际防御能力并未经过严格检验——阿拉姆哈勒法战役胜利的关键在于装甲部队部署的位置是否恰当，以及防御行动是否有效。

英军在前线北部地区与中部地区都有坚固的防御，敌人要想快速突破，只可能从位于南部的、由新西兰军队控制的长达十五英里的阿拉姆纳伊尔岭"哨所"及盖塔拉洼地之间的前线发起进攻。隆美尔若要突破英军阵地，必须沿此路前进。克劳德·奥金莱克正是根据这一明摆着的情况制订防御计划的。

隆美尔既然已经不可能做到"出其不意"，那么就只能在速

---

① 哈罗德·亚历山大：《公文集》，第841页。——原文

度与时间上搞"攻其不备"了。隆美尔希望,如果自己可以快速突破英军南部防区并截断英国第八集团军的交通线,英军就会惊慌失措,防线东侧与西侧也就不能呼应。隆美尔计划,通过一次夜袭夺取英军的布雷区域,并在德国非洲军和意大利机动军天亮前向东挺进三十英里左右时再转而向东北直插海边,朝第八集团军的补给基地进攻。隆美尔希望这样的威胁能诱使英军装甲部队追击,这样自己就可以趁机围歼英军装甲部队。同时,第九十轻型装甲师和意大利机动军剩下的部队组成一条能抵挡对手从北方发动反攻的坚固防御走廊,直到隆美尔在英军后方取得装甲战胜利为止。隆美尔说:"经验显示,英国人在做决策及实施计划方面总要花时间,因此我对英国指挥部的迟缓行动很有把握。"

然而,1942年8月30日晚上,德军开始进攻时才发现英军雷区比估计的要大得多。8月31日黎明,隆美尔的先头部队只跨过雷区八英里。直到8月31日10时,非洲军主力才开始往东前进。然而,这时,英国空军已开始轰炸德国车辆了。德国非洲军司令瓦尔特·内林将军早早地受了伤[①],因此作战的其余阶段都由非洲军参谋长弗里茨·拜尔莱因指挥。

隆美尔一发现进攻的突然性已经丧失,进攻进度也大大落后时,就想停止进攻了。但出于本性,在与弗里茨·拜尔莱因商量后,隆美尔决定继续进攻——经过修改,目标更集中了。显然,英军装甲部队有时间布置主阵地,所以一旦隆美尔向纵深突击,英军装甲部队就会从侧面威胁。据此,隆美尔认为有必要"比原

---

① 德国第二十一装甲师师长更是在迫击炮轰炸中身亡。——译者注

第6章 非洲战场的转折点

来预计的更早一些攻向北方"。于是，隆美尔下令非洲军立刻掉头，前往阿拉姆哈勒法岭的主要高地——132高地。进攻方向的改变，意味着非洲军接下来将要攻击英国第二十二装甲旅驻防的软沙地，部队的机动性将随之下降——原来计划的进攻路线是不走这片"粘"地的。

英国第八装甲旅的主阵地位于英国第二十二装甲旅东南约十英里的地方。英军将第八装甲旅部署在这个位置不是用来间接遏制并威胁对手侧翼阵地的，而是要阻击路过的敌军。把两个旅的间距拉得这样大是有风险的，但蒙哥马利甘愿冒这样的风险，因为他知道，这时的英军任何一个旅的实力几乎都能和整个德国非洲军相比，因此一旦遇敌，应该能坚持到其他旅赶来增援。

但英国第八装甲旅直到1942年8月31日4时30分才到达指定阵地——幸亏对手也延误了。按隆美尔制订的原计划，德国非洲军要开到英国第八装甲旅开赴的地区，还得在天亮前到达。如果两军摸黑撞上或者英国第八装甲旅在早上站稳脚跟前遇袭，局势都将对英军不利。特别是英国第八装甲旅又是第一次上战场的部队，处境将会更加艰难。

隆美尔不得不提早调头向北。因此，德军进攻完全发生在英军第二十二旅的阵地上了，并且直到黄昏才能动手。因为英军连续空袭，德军油弹供应姗姗来迟，所以进军速度大大减缓。德国非洲军北进的路程虽然短了很多，但还是拖到1942年8月31日下午才出发。然而，德军装甲纵队在接近第二十二装甲旅设在阿拉姆哈勒法岭的主阵地时，先后遭遇了第二十二装甲旅部署得当的坦克及各式支援火炮的打击——年轻能干的新旅长，外号"好手"

113

的菲利普·罗伯茨指挥很有一手。德军反复发动进攻,并且想对英军搞局部的侧翼包抄。不过,这些企图都被英军遏制住了。战斗一直持续到8月31日夜幕降临时才结束。进攻方士气普遍低落,而防御方则赢得了宝贵的休息时间。

然而,隆美尔取消进攻的真正原因并不全是因为被击退。德国非洲军此时面临严重的燃料短缺问题。隆美尔其实在1942年8月31日15时到16时已经下达取消"全力夺取132高地"的命令了。

即使已经到了1942年9月1日早上,德军燃料的缺口仍然很大。隆美尔不得不放弃在当天搞大型作战行动的打算。当时,隆美尔剩余的燃料最多只能调动第十五装甲师发动一场局部的、有限的、占领阿拉姆哈勒法岭的行动。当时,德国非洲军处境很糟糕:夜间被英国轰炸机狂轰滥炸,白天被布赖恩·霍罗克斯的英国第十三军的重炮猛轰,损失不断增加。德军装甲部队发动的进攻减少了,但遭遇获得增援的英军阻击的次数增加了。9月1日凌晨,确定德军并未向东抄自己后路的蒙哥马利命令另外两个装甲旅集中,支援菲利普·罗伯茨的第二十二装甲旅。

1942年9月1日下午,蒙哥马利命令"部署一次能让英军取得主动权的反击"。蒙哥马利计划从新西兰军队的阵地向南发动攻势,切断德军退路。蒙哥马利还做了将第十军军部前置并命其"指挥一支"与"所有预备队共同推进到达巴"的"追击部队"的安排。

德军装甲部队现在仅剩能支持一天内全军行军六十英里的燃料。德军于1942年9月1日整夜遭受英军轰炸后,隆美尔做出了"停止进攻并撤退"的决定。

第6章 非洲战场的转折点

1942年9月2日白天,眼见面向阿拉姆哈勒法的德军人数开始减少并逐渐西移的英军上报请求追击,蒙哥马利却不准。蒙哥马利不希望自己的装甲部队再被诱入隆美尔的陷阱,必须避免风险。同时,蒙哥马利命令新西兰军队在其他军队的增援下,于9月3日或4日任一晚间向南发动进攻。

1942年9月3日,隆美尔的军队开始总撤退,能对德军发起追击的只有英军的巡逻队。当天晚上,盟军对轴心国军队侧后方发动进攻,与德国第九十轻型师和意大利的里雅斯特师交战。但英军的进攻组织得混乱不堪,在遭到巨大损失后便停止了。

1942年9月4日和5日,德国非洲军继续逐步撤退,英军没再试图发起进攻并切断德军退路,只是派出小部队前去追击。9月6日,德军到达距离原来战线以东六英里的高地防线后就停止后退,显然要原地固守。9月7日,蒙哥马利征得哈罗德·亚历山大同意后,决定停止战斗。隆美尔就这样占领了位于战区南部的一块有限的地盘,但付出的代价太过惨重。这么小的地盘对隆美尔算不上什么安慰,反倒是隆美尔原本意图遭受重大挫折的体现。

对英国第八集团军的官兵而言,看到德军撤退,哪怕只是退了几步,也比不能切断对手后路这一事实带来的失望更重要,因为"德军撤退了"是战局迎来转折点的明显标志。蒙哥马利给官兵们树立了新的信心,官兵们对蒙哥马利深信不疑。

然而,英军未能切断德国非洲军退路,也就失去了摧毁德军的大好机会,否则后面将省事许多,甚至不必付出重大代价就能进攻隆美尔的阵地了。不过,阿拉姆哈勒法战役中英军确实取得了巨大胜利。战役结束时,隆美尔已经丧失主动权,他说的

话——"无望战役"——是对接下来的战斗恰到好处的形容。

根据战后关于双方军队、兵源的资料可以清楚地发现,隆美尔的失败是1942年7月初进入埃及并在第一次阿拉曼战役受阻导致的,因此第一次阿拉曼战役中的阿拉姆哈勒法战役可以被看作真正的转折点。然而,隆美尔在1942年8月底重新发动的进攻看上去仍是大威胁,况且当时双方实力相当。如果英军当时再像之前稳占优势时一样不是举棋不定就是行动迟缓,那么隆美尔就有可能取胜。现在,隆美尔已经再无取胜的可能。阿拉姆哈勒法战役和其他几场战役发生在同样的地区,却被冠以独特的名称,这一战役的重大意义可见一斑。

阿拉姆哈勒法战役有其战术上的特殊价值。这一战不仅是防御方得胜,而且是靠没有发动任何反击的,或者说,是没有真心反攻想法而通过单纯防守取得的成功。与第二次世界大战或更早战争的大多数"转折点"战役相比,即便蒙哥马利决定在防御战结束后放弃反攻,在一瞬间丧失了将隆美尔的军队包围、消灭的绝好机会,但对这一战作为整个战役转折点起到的决定性作用没有任何消极影响。英军从此战开始,对自己最后必将胜利很有信心,士气也高涨了;而隆美尔的军队则陷入绝望,认为不管做出何种努力,做出怎样牺牲,都只是把末日暂时推迟一下而已。

阿拉姆哈勒法战役也有值得学习的作战技巧。英军的阵地安排、战场选择和灵活部署对最终的战果都有深远的影响。最重要的是,英军的空地配合恰到好处。英军的计划格外奏效,其实是由防御战的特点决定的:一方面,地面部队守住包围圈;另一方面,空军部队不断轰炸已经冲入"陷阱"的隆美尔的军队。按照

第6章 非洲战场的转折点

布局,由于包围圈里的所有部队都是"敌人",空军的轰炸更加自由也更加有效;反之,如果是更加动态的战斗,由于担心误伤友军,空军的轰炸行动就会束手束脚。

英军的进攻要等到七周后的1942年10月23日才开始。急性子的丘吉尔因进攻不断拖延而恼火不已,但蒙哥马利坚决要等准备全部就绪、稳操胜券时才发动进攻。哈罗德·亚历山大也对蒙哥马利表示支持。自1942年初以来,英国连遭不幸,导致丘吉尔当时政治地位不稳。在这种背景下,丘吉尔只好向蒙哥马利妥协,同意把进攻推迟到1942年10月下旬。

为了避德军防御火力的锋芒,英军计划以夜袭作为进攻的开端,这就意味着进攻的确切日期取决于月亮的盈亏。因为在敌人的雷区开路需要足够的月光,所以英军将进攻日期定在1942年10月23日晚上(10月24日会出现满月)。

丘吉尔希望英军在北非提前进攻的一个重要因素是计划于1942年11月初由英军与美军在法属北非殖民地联合发动代号为"火炬"的大型登陆行动。如果能在阿拉曼取得决定性胜利,就会鼓励北非的法国民众去欢迎即将解救自己的盟军"火炬手",也会让西班牙独裁者佛朗哥更不欢迎德军进入西班牙和西属摩洛哥——德军如果真的进入这两个地方,那么将打乱甚至危及盟军的登陆反击行动。然而,哈罗德·亚历山大将军认为,如果"捷足计划"在"火炬行动"前两个星期进行,就会有足够时间"消灭抵抗我们的轴心国军队主力,而敌人却没有大规模增援非洲的时间"。哈罗德·亚历山大认为,要想从北非的另一端登陆并取胜,自己这一头的作战就必须确保成功。"我坚信关键的因素

在于，若我没准备好就发起进攻，即使不会招致灾难，也会有失败的风险。"哈罗德·亚历山大的论点占了上风，即便建议的进攻日期比当初克劳德·奥金莱克提出的要晚一个月，丘吉尔还是同意了。当时，英军无论在数量方面还是在质量方面，都占据绝对优势。循常例计算，虽然双方是势均力敌的十二个"师"，其中装甲"师"的数量都是四个，但双方每个"师"相加的兵力数字相差巨大。英国第八集团军有二十三万人的战斗兵力，而隆美尔只有不到八万人，其中德国人只有两万七千人。英国第八集团军有七个装甲旅共二十三个装甲团，而隆美尔只有四个德国装甲营和七个意大利装甲营。从坦克实力来看，双方差距更大。进攻开始时，英国第八集团军共有一千四百四十辆装炮坦克，其中一千二百二十九辆可以随时投入战斗。当时，英军在埃及的工厂和车间里还有一千辆坦克，如果打持久战还能调过来。隆美尔只有二百六十辆德国坦克，其中二十辆正在维修，三十辆是Ⅱ号轻型坦克，二百八十辆是老款意大利坦克，能投入装甲作战的只有二百一十辆配备火炮的德国中型坦克。英军从进攻一开始就占着六比一的数量优势，在弥补损失方面的潜力比德军大得多。

　　英军在坦克对坦克方面占据的性能优势更大。除了M3"格兰特"中型坦克，现在还有了更新款、更厉害的M4"谢尔曼"中型坦克增援。进攻开始时，第八集团军有五百多辆M3"格兰特"坦克和M4"谢尔曼"坦克，还有一些在增援途中。隆美尔手中能和新式美国坦克匹敌的只有三十辆配备七十五毫米高速炮的新款Ⅳ号中型坦克，仅比在阿拉姆哈勒法作战时多出四辆。隆美尔早已失去先前的反坦克炮优势。尽管他的八十八毫米反坦克炮一度达

第6章 非洲战场的转折点

到八十六门,还得到了六十八门缴获自苏联的七十六毫米反坦克炮作为补充,但除非近距离作战,否则德军标配的五十毫米反坦克炮根本不能击穿M4"谢尔曼"坦克、M3"格兰特"坦克和"瓦伦丁"坦克的装甲。更糟的是,美国造的坦克都使用了新式高爆弹,可以远距离消灭对手的反坦克炮。

英军还占据比以往更强大的空中优势。当时,中东空军司令阿瑟·特德爵士随时可以调动包括十三个美国中队、十三个南非中队、一个罗德西亚中队、五个澳大利亚中队、两个希腊中队、一个法国中队及一个南斯拉夫中队在内的九十六个中队共一千五百多架一线作战飞机,其中一千二百架在埃及和巴勒斯坦,随时可以支援第八集团军作战。德国和意大利王国总共只有三百五十架可以支援装甲部队作战的飞机。在骚扰轴心国的部队调动与物资供应、保护第八集团军补给不被破坏等方面,空中优势作用巨大。不过,盟军空军与英军潜艇配合绞杀德国装甲部队海上供给线这一间接战略行动对英军进攻的胜负影响更加重大。1942年9月,三分之一的轴心国供给船在横渡地中海时被击沉,很多船被逼退。1942年10月,英军的袭扰更加厉害,成功送到非洲的轴心国物资供应不到总量的一半。德军极缺重炮弹药,几乎无法还击英军的炮击。轴心国受损最严重的是运油船。在英军进攻开始的数个星期前,没有一艘运油船成功抵达非洲。本来德军认为在英军进攻时至少要准备够调度部队三十次的燃料,现在手头上只剩三次。燃料的严重不足在各个方面都牵制了隆美尔的反击调动。轴心国机动部队只能逐一散开,无法迅速在进攻点上集中,机动性随着作战时间延长每况愈下。

非洲沙漠剑影：隆美尔与蒙哥马利的较量

食品供应的损失是导致疫病在隆美尔军中扩散的重要因素。卫生状况恶劣的战壕，特别是意大利军队的战壕，会让疾病传播的速度倍增。1942年7月的战斗中，英军常常因为受不了意大利战壕里的秽物与恶臭，从中撤出后还没来得及挖新战壕就被德国装甲部队俘虏。对卫生状况的忽视终于产生了恶果——在意大利军队及其德国盟军中，痢疾和传染性黄疸开始蔓延，部分德国装甲部队的重要军官也病倒了。

最重要的"头号病人"恰恰是隆美尔。1942年8月进攻阿拉姆哈勒法前，隆美尔病得卧床不起。在战役进行到一半的时候好不容易稍微缓解了一些，可以重新指挥作战了，但医疗上的压力加重了。9月，隆美尔回到欧洲养病，职位由格奥尔格·施图姆暂时代替，威廉·冯·托马将军则补上非洲军司令一职的空缺。隆美尔不在，加之这两个人不熟悉沙漠环境的作战，这就成了德军在计划和布置如何抵挡英军迫在眉睫进攻对策的短板。10月24日，也就是英军发起进攻的第二天，格奥尔格·施图姆驱车赶赴前线，路上遇上了英军的猛烈炮火。格奥尔格·施图姆从车上摔下，心脏病发而亡。当晚，希特勒打电话询问在奥地利静养的隆美尔能否返回非洲，隆美尔只得结束休养，于10月25日傍晚乘飞机抵达阿拉曼附近，接管当时已被大大削弱的防务及在10月25日当天因一次失败的反攻损失近半可用坦克的危局。

蒙哥马利原计划动用北部的奥利弗·利斯的第三十军与南部的布赖恩·霍罗克斯的第十三军兵分两路左右出击，然后以第十军军长赫伯特·拉姆斯登集中指挥的大批装甲部队切断隆美尔的供给线。但1942年10月初，蒙哥马利认为该计划野心太大，而

第6章 非洲战场的转折点

"陆军的训练标准尚有缺陷",所以就改用比较节制的、要求在战场北部沿海附近,即特勒埃萨岭与米泰里亚岭之间四英里长的一段地方发动集中进攻的"新捷足计划"。第十三军在战场上发动让敌人分心的助攻,但除非敌人防线崩溃,否则英军不会施加太大压力。蒙哥马利谨慎的军事计划导致英军即将面临一场代价巨大的持久作战,但如果按照之前"野心太大"的计划执行,以第八集团军兵力之巨大优势,持久战说不定可以避免。英军的持久战演变成消耗战,不靠调遣有方,只靠猛冲猛打,看起来一度将要失败。但双方毕竟实力悬殊,消耗的比例相差很大,这有利于蒙哥马利这个有着"不达目的誓不罢休"性格的人达到目的。在有限的条件下制订作战计划,改变进攻方向利用战术"杠杆"打垮敌人,体现了蒙哥马利的非凡本领。

1942年10月23日22时,英军步兵在千余门火炮怒吼十五分钟后开始朝敌人猛攻。起初,战事进展比较顺利。由于德军缺少炮弹,格奥尔格·施图姆只能制止己方炮兵轰击英军集合点。但德军雷区的面积、密度都较大,在清除时用的时间比计划要长。10月24日天亮时,英国装甲部队要么停留在扫雷的通道上,要么刚出扫雷通道就被挡住。在步兵于10月23日发动几次夜袭后,英军的四个装甲旅才在距离原来战线六英里的雷区右侧摆开阵势。英军冲过狭窄的通道时损失惨重。10月24日,英国第十三军在战场南面发动的助攻也遇到了同样的困难,10月25日就放弃了。

但英军在战区北部打开的缺口极具威胁性,因此轴心国指挥官只能分批将坦克派上前线,竭力阻止缺口扩大。对手的行动正合蒙哥马利的意,于是他令英军已经进入良好作战位置的装甲部

队果断出击，重创德军发动的反击。1942年10月25日傍晚，德国第二十一装甲师仍然身处战场南部，但德国第十五装甲师能作战的坦克只剩下四分之一了。

1942年10月26日，英军继续进攻。然而，在装甲部队损失惨重的情况下没有达成推进的目标，英军已经失去了将"攻入防线"发展为"取得突破"的机会。英军展开大举进攻的装甲部队陷入了德国反坦克炮的强大包围圈。早在1942年10月24日夜间，赫伯特·拉姆斯登及其师长们就曾对试图调动装甲部队在狭窄地形杀出通道的调度方式提出过异议。随着英军这种"狭路冲锋"导致越来越多的损失，官兵之中对装甲兵使用不当的看法也就越发普遍了。

蒙哥马利尽管还保持着看似十分自信的态度，但其实已经敏锐地意识到英军最开始的攻击已经失败，打开的缺口已经被堵住了。现在，必须在给主力突击部队休息时间的同时制订新的计划。如今，蒙哥马利在回顾往事时，总是一副一切都是"依计行事"的口气，但讽刺的是，这反倒损害了他"见机行事，足智多谋"的声誉。实际上，蒙哥马利随机应变的做法，无论是在当时还是在后来的作战的行动中，都起到了既激励下属又彰显自己指挥才能的作用。

蒙哥马利的新计划叫"增压计划"。这个好名字能让下级执行者觉得，这是一个"截然不同、更有希望成功"的计划。英国第七装甲师已经被从战场北部调来增援，但隆美尔也趁着战火短暂停息的空当重整部队——德国第二十一装甲师正在开赴战场北部，阿里埃特师则跟在后面。英国第十三军在战场南部的进攻并

第6章 非洲战场的转折点

没有完成分散对手注意力并将其留在战场南面的任务。现在双方都将军队北移,战场北部的兵力势必更加密集,隆美尔也因此获得战术优势,而英军就只能对单纯的猛冲猛打、搞消耗战的战术更加依赖。幸亏英军数量优势明显,只要坚持"杀敌"不动摇,最后必将胜利。

1942年10月28日,通过在对手前沿打开的大缺口并往北部沿海推进的方式,蒙哥马利发动了新攻势。蒙哥马利计划先摧毁德军的沿海"口袋阵",再顺滨海公路乘胜往西推进到达巴和富卡。但英军在进攻中被雷区阻挡,加上隆美尔调动第九十轻型师在侧翼快速进行反击,英军就不太可能获胜了。即便如此,隆美尔还是将英军停止进攻的原因归结为自己幸运,因为自己的战争资源正逐步见底。德国非洲军只剩九十辆坦克,而英国第八集团军在战场上还有八百多辆可用坦克。尽管英军要用四辆坦克才能换一辆德军坦克,但拥有坦克的数量比例上升到十一比一了。

1942年10月29日,隆美尔在给妻子的信中说:"我已经不抱什么希望了。晚上我睁着眼睛躺在床上,想到肩上的重担就睡不着,白天又很累。一种想法日日夜夜折磨着我:如果战局出了问题会怎么样呢?我想不出那时还能有什么出路。"[①]显然,压力很大的不只是德军士兵,连指挥官也是如此了——何况隆美尔当时还生着病。10月29日凌晨,隆美尔曾经考虑让部队西撤六十英里到富卡,但因不愿抛弃大部分机动力不强的步兵又不想退得这么远。因此,隆美尔推迟了这一重大决定,只想着再打一次成功的

---

① 隆美尔:《隆美尔文集》,第312页。——原注

非洲沙漠剑影：隆美尔与蒙哥马利的较量

阻击战就可以迫使蒙哥马利放弃进攻。其实，如果隆美尔就此逃走，会让英军的计划落空。现在，隆美尔要阻击英军在沿海地带发起的进攻，局势反倒对英军有利。

蒙哥马利一看往沿海方向的突击没有成功，就希望趁着敌军少量预备队向北转移时沿原定的进攻路线发动攻击，这样便可取胜。这一招很高明，也是蒙哥马利处事灵活的又一例证。但英军部队不如蒙哥马利这么灵活，把时间都耗在了重整部队上，一直拖延到1942年11月2日才发动进攻。

伦敦方面则因英军在非洲先是连续被阻，现在又停滞不前的情况而郁闷、着急。丘吉尔眼见攻势进展缓慢，非常失望，强忍着情绪才没有发电报把哈罗德·亚历山大教训一顿。最着急的要数陆军总参谋长艾伦·布鲁克。他一面竭力消除战时内阁的疑虑，一面疑窦丛生，急于搞明白两个问题："我错了吗？蒙哥马利被打败了？"连蒙哥马利本人也不再像表面那么自信了，私底下承认了自己心中的忧虑。

英军计划于1942年11月2日发动的进攻再次"哑火"，这让人们"或许应该停止进攻"的心情有增无减。德军的雷区再次使英军延误，德军的抵抗力量也比英军预计的更顽强。11月2日拂晓，英军先头装甲旅"发现自己并非如同计划中那样身处敌人炮火之外，而是正好位于拉赫曼小道上敌方密集的反坦克炮火之中"[①]。英军在狭窄的阵地上遭到隆美尔仅有的装甲部队的反击，在一天的战斗中损失了阵地上四分之三的坦克，全靠残部英勇地守着阵

---

① 哈罗德·亚历山大：《公文集》，第856页。——原注

第6章 非洲战场的转折点

地,才让身后的装甲旅突破缺口。但英军装甲旅刚过拉赫曼小道,再次被德军挡住了。11月2日傍晚,英军因为战斗损失和机械故障,失去了约二百辆坦克。

进攻受阻后,英军的前途越发黯淡——从远离战场的后方观望尤其如此。不过,局势对英军而言其实马上就要云开雾散了。因为随着1942年11月2日战斗的结束,隆美尔手上的战争资源也将耗尽。只是德军能坚持防守如此之久着实令人诧异。德国非洲军的两个装甲师在防御战中的表现尤其顽强,但它们在英军进攻开始时加起来也只有九千兵力,后来经过一系列战斗,只剩下不到两千人。另外,德国非洲军的可用坦克只剩三十辆了,英军却还有六百多辆,对德军坦克的数量优势已经上升到二十比一,而意大利军队的"薄皮"坦克则要么被英军炮火炸毁,要么纷纷西逃,从战场上消失得无影无踪。

1942年11月2日当晚,隆美尔决定分两步撤退到设在富卡的阵地。本来进展一切顺利,但在11月3日午后竟然收到了希特勒发出的不可违抗的"坚持不惜一切代价守住阿拉曼阵地"的命令。于是,过去没吃过被希特勒干预的亏,又没学会非要"抗命不遵"才能成事的隆美尔停止了撤退,把已经在撤退路上的部队全召回了阿拉曼。

德军的转向意味着在后方稍远位置将无法进行有效抵抗,而想在阿拉曼继续坚守更不可能。英军已于1942年11月3日凌晨从空中侦察到德军西退的动向,并且将这一情况及时上报,这自然促使蒙哥马利一再加强攻势。11月3日,英军在白天两次想绕过德军防线的尝试都不成功,但步兵第五十一山地师及印度第四师于晚

间朝西偏南方向发动的进攻总算突破德国非洲军与意大利军队防线的结合部。11月4日早晨，英军派遣三个装甲师穿过在防线上打开的缺口，前出堵截轴心国军队在滨海公路上的退路。这三个装甲师得到了摩托化的新西兰师及其四分之一个装甲旅的支援，乘胜对轴心国部队发起追击。

切断隆美尔军队的后路并将其彻底消灭的良机终于到来了。在1942年11月4日早上的混乱中，德国非洲军司令威廉·冯·托马被俘，而隆美尔"撤退"的命令直到11月4日下午才下达，希特勒批准撤退的命令更是在11月5日才姗姗来迟。这一切都让英军获胜的机会更大了。然而，刚收到隆美尔的撤退命令，德军就赶忙钻进留下来等自己的汽车逃跑了，英军则因谨慎、犹豫、动作太迟缓和运动范围太狭窄的老毛病，没能及时乘胜追击。

在穿过防线缺口并摆开阵势后，英军的三个装甲师就向北推进到位于加扎勒的沿海公路一带，距离战线上打开的缺口十英里处。这给了德国非洲军趁机堵截英军的机会。英军只是前进了几英里就被德军薄弱的火力网阻挡，直到1942年11月4日下午德军撤退为止。夜幕降临，英军谨慎地选择原地扎营过夜。遗憾的是，英军已经被德国装甲部队主力远远甩在身后了。

1942年11月5日，英军发动的一系列切断德军后路的行动又跟以前一样，动作太小、速度太慢。英国第一装甲师和英国第七装甲师最初进攻的目标是距离加扎勒仅十英里的达巴。英军先头部队直到11月5日中午才赶到，结果发现敌人早在自己赶到前溜走了。

英国第十装甲师的目标是再往西十五英里的加拉勒，并成功在目标地带抓住了敌人的尾部，俘获了约四十多辆因燃料耗尽而

第6章 非洲战场的转折点

被抛弃的意大利坦克。英军直到1942年11月5日傍晚才开始追击敌人撤退部队的主力，但只是往前行进了短短十一英里。尽管距离新目标富卡悬崖仅六英里，但英军还是循例停下并扎营。

新西兰师及其下辖的装甲部队早就得到消息：要在突破成功后赶往富卡。但由于交通调度太糟糕，在跟随装甲师通过突破口与后来半途清剿意大利军队等过程中耽搁了。因此，新西兰师在1942年11月4日黄昏停止前进时，在通往富卡的道路上走了连一半的路程都不到。11月5日中午，即将抵达目标前，新西兰师又被一片疑似雷区挡住去路——这其实是英军为了掩护往阿拉曼撤退的后路故意设置的疑阵。等新西兰师通过时，夜幕再次降临。

与此同时，英国第七装甲师在过早向内侧的达巴转弯时奉命返回了沙漠，朝距离富卡十五英里的巴库什推进。但第七装甲师遇上了新西兰师的队尾，也撞上了同一片疑阵，耽误了时间，后来就停下并扎营过夜了。

1942年11月6日早上，英军的三个装甲师在富卡、巴库什周围合拢了包围圈，但轴心国军队主力早就往西逃走了。英军仅俘获了数百名散兵游勇和少量因燃料耗尽被放弃的坦克。

如要抓住隆美尔的撤退部队，现在就全靠在达巴错过德军后奉命穿越沙漠长途行军、迂回赶往切断马特鲁港以西的滨海公路的英国第一装甲师了。但英国第一装甲师燃料短缺，中途停下了两次，其中一次距离滨海公路仅数英里。由于英国第一装甲师师长和一些其他人曾极力主张要以塞卢姆为目标，至少要有一个装甲师做好少带弹药、多带燃料的准备，因此，眼前部队停下的场景让第一装甲师师长更加恼火。

127

1942年11月6日下午,沿海地区开始下雨。入夜后,雨势加大。因为大雨,英军暂停了一切追击。隆美尔因此得以安全逃脱。后来,大雨成了蒙哥马利没能成功切断隆美尔退路的主要借口。其实,经过分析就能看出,英军其实在下雨前就忘记了追击成功的基本准则:因为行动范围过窄、过分谨慎小心、时间观念太差和对夜间行军的抵触,英军失去了好机会。如果蒙哥马利穿过沙漠的追击能更深入一些,抵达塞卢姆陡峭悬崖这一更远的堵截点,就会因为内陆沙漠比沿海降水少而不用面临因天气或德军抵抗给追击带来的风险。

1942年11月7日晚上,隆美尔从马特鲁港撤退到西迪拜拉尼。当时隆美尔在西迪拜拉尼短暂防守了一下,而他的运输纵队在穿过边境咽喉地带、位于塞卢姆和哈法雅两地悬崖之间的山口时遭遇英国空军猛烈轰炸。沿海公路上的车队长达二十五英里,拥挤不堪,但好在交通管制良好。英军轰炸虽猛,但德军多数车辆在11月8日晚还是成功通过了。11月9日,尽管当时还有数千辆车等着通过这一咽喉地带,但隆美尔依然命令后卫部队都撤到边境地带。

蒙哥马利已经把第七装甲师和新西兰师组建成一支特别追击部队,并下令,为了保证追击部队的燃料供应,另两个装甲师停止前进。这给了隆美尔从一支停滞不前的大军手中逃脱的机会。1942年11月8日,英军长距离追击开始,但新西兰师直到11月11日才到达边境。英国第七装甲师的两个装甲旅尽管在11月10日下午就穿过了位于滨海公路以南的沙漠,但还是没能在11月11日德军穿过卡普佐的时候将其尾部揪住。

隆美尔一次次地免于被英军切断退路,并从蒙哥马利的掌心中

第6章 非洲战场的转折点

逃脱。然而,隆美尔手上的兵力太弱,无法在边境地带或者更后方的昔兰尼加再建新防线。当时,隆美尔还有大约五千名德国军人和两千五百名意大利军人,外加德国坦克十一辆、意大利坦克十辆、德国反坦克炮三十五门、野炮六十五门及几门意大利炮。虽然有约一万五千名德国军人安然逃脱,但其中三分之二都丢弃了所有战斗装备——这么干的意大利军人更多。英国第八集团军除了击毙数千敌人,还俘获包括后勤在内的约一万名德国军人及两万多名意大利军人,缴获约四百五十辆坦克及千余门火炮。尽管英军在付出一万三千五百人的伤亡后还是让隆美尔逃跑并赢得了"卷土重来"的机会,但这些战利品是一笔很大的补偿。

英军恢复进军,但为了等补给送到,便采用只跟踪、不追击的策略。隆美尔一次次的反击给英军留下了深刻印象,英军因此没有直接穿过弧形的班加西沙漠,而是小心地沿着海岸行军。1942年11月26日,英军先头装甲部队在跨过昔兰尼加边境后到达卜雷加港。此时,隆美尔早就重新占领了咽喉阵地,并隐藏了起来。隆美尔部队在经过昔兰尼加撤退时之所以遇到严重困难与危险,是因为德军燃料短缺。然而,隆美尔在卜雷加港得到了意大利"半人马座"装甲师及三个意大利步兵师的部分部队的增援。不过,意大利步兵都是徒步的,这对隆美尔而言,与其说是作战的本钱,不如说是作战的累赘。

为了进攻卜雷加港阵地,英军一直等待着增援和补给前来。这一等,两周时间过去了。蒙哥马利提出一个通过正面钳制压制并发动远程迂回堵截后路,最终"就地消灭敌人守军"的计划。英军计划在1942年12月11日夜间先发动大规模空袭,然后于12月

14日发动正面进攻，分散隆美尔对迂回中的英军的注意力。但隆美尔在12月12日晚上就逃跑了，英军计划就此落空。隆美尔逃到了位于卜雷加港以西二百五十英里、距离英国第八集团军设在班加西的新前进基地五百英里的布埃拉特阵地。

直到1942年底，隆美尔还在坚守布埃拉特阵地，因为蒙哥马利调动集结部队并恢复进攻能力也需要一个月的时间。不过，此时非洲的战局已经扭转过来：隆美尔的军队几乎不能恢复到能同第八集团军抗衡的水平，而撤退时可以坚守的后方阵地也因为英美盟军的第一集团军从阿尔及利亚向东逼近突尼斯而变得岌岌可危。

但希特勒的脑海中现在又出现了幻想。墨索里尼也因不忍看着意大利的非洲帝国梦崩塌而坚持支持希特勒。其实，在根本不确定隆美尔能否躲开追兵并救出自己的残部时，希特勒和墨索里尼脑海中的幻想就已经占了上风。隆美尔一到卜雷加港就接到了"不惜代价守住防线"并阻止英军进攻黎波里塔尼亚的命令。为了实现这个白日梦般的要求，隆美尔现在又归埃托雷·巴斯蒂科元帅管辖了。隆美尔曾于1942年11月22日面见埃托雷·巴斯蒂科时直率地说，贯彻在沙漠边境"抵抗到底"命令，必然导致自己仅存部队的覆灭——"要么提早四天放弃阵地保全部队，要么在四天后连阵地带部队一起葬送"。

后来，即1942年12月24日，乌戈·卡瓦莱罗和阿尔贝特·凯塞林面见隆美尔。隆美尔对他们说，自己只有不到五千人还有武器，既然要守卜雷加港，就必须要在蒙哥马利进攻开始前迅速送来五十辆配备七十五毫米新式长管炮的Ⅳ号坦克和五十一门同款反坦克炮，弹药和燃料也要管够。这是个很合理的要求，但

第6章 非洲战场的转折点

因为轴心国把所有装备和增援部队都调到了突尼斯,显然,这个要求没有得到满足的可能。即便如此,乌戈·卡瓦莱罗和阿尔贝特·凯塞林还是强迫隆美尔防守卜雷加港。

对劝服希特勒心怀希望的隆美尔飞到东普鲁士森林靠近拉斯滕堡的元首总部。隆美尔受到了冷遇。在提出"撤出北非是最明智选择"时,希特勒"暴跳如雷",不听任何解释。因为希特勒大发脾气,隆美尔第一次产生了对元首信仰的动摇。正如隆美尔在日记中所写:"我开始意识到希特勒是不想看清形势——理智在告诉元首什么是正确的时候,他的感情却不能接受。"希特勒坚持"在非洲守住一个大桥头堡有政治上的必要性,所以绝不能从卜雷加港撤退"[①]。

不过,隆美尔在从德国返回非洲的途中经过罗马,却发现墨索里尼比较明事理。墨索里尼很清楚,将足够的物资从水路先运到的黎波里,再运到卜雷加港困难重重。隆美尔总算得到了墨索里尼的允许,可以在布埃拉特布置一个中间阵地,并将非摩托化意大利步兵及时调入。一旦英军进攻,隆美尔兵力不足的残部可以就此撤退。隆美尔立刻照办,只要英军一显露出进攻迹象,隆美尔就立刻趁夜摸黑溜走。隆美尔不想给蒙哥马利诱捕自己的机会,因此下定决心,既不在布埃拉特,也不在的黎波里的前方停留。隆美尔的既定方针是一直撤退到突尼斯边境和加贝斯的咽喉地带,这样一来,既不会轻易被英军包抄,也可以调动附近的增援部队展开有力的反击。

---

① 隆美尔:《隆美尔文集》,第366页。——原注

第 7 章 『火炬行动』

'Torch'

第7章 "火炬行动"

1942年11月8日,盟军在法属北非殖民地登陆。这次进攻发生在英军向位于非洲东北部阿拉曼的隆美尔阵地发动进攻的两个星期之后——当时距离盟军成功打垮隆美尔阵地已经过去了四天。

在美国因"珍珠港事件"被卷入第二次世界大战后,丘吉尔于1941年圣诞节在华盛顿召开的阿卡迪亚会议①上提出将"西北非计划"作为"收紧对德国包围圈"的一个步骤。丘吉尔告诉美国人,现在有一个在阿尔及利亚登陆的"体操家行动":如果第八集团军在昔兰尼加取得决定性胜利,就可以继续向西推进至利比亚和突尼斯边境。丘吉尔接着提议:"假设法国同意,美军也要在得到法国邀请后才能于摩洛哥沿岸登陆。"美国总统罗斯福一眼就看到这一行动将带来的政治利益,随即表示赞同,但罗斯福的军事顾问对丘吉尔提议的可行性表示怀疑,还对是否会影响原定尽早对希特勒在欧洲控制的地区发动正面进攻表达了担心。军事顾问最多只是愿意对当时已经改叫"超级体操家行动"的行动

---

① 阿卡迪亚会议,是"珍珠港事件"之后同盟国召开的首次会议。会议签署了《二十六国宣言》,并赞成《大西洋宪章》,国际反法西斯联盟自此正式形成。——译者注

继续进行研究而已。

接下来的几个月,同盟国主要讨论了准备于1942年8月到1942年9月发动的横渡英吉利海峡的进攻计划。该计划是为了满足斯大林开辟"第二战场"的要求。最终,多数人赞成在瑟堡的科唐坦半岛发动进攻,这正是美国陆军参谋长马歇尔和欧洲战场美军司令艾森豪威尔极力主张的地点。英国人强调了在兵力不足的情况下在欧洲过早登陆的缺点,并指出,在欧洲西北海岸过早建立一个桥头堡非但不会对苏联有多少帮助,反倒还要冒着被敌人围困或消灭的风险。但罗斯福总统支持在西欧为苏联开辟"第二战场",并在1942年5月底苏联外交部部长维亚切斯拉夫·莫洛托夫访问华盛顿时,对他作出了"'希望'并'期待'于1942年在欧洲开辟第二战场"的保证。

然而,隆美尔抢先进攻了贾扎拉防线,英军又出乎意料地于1942年6月在非洲东北部崩溃,盟军只得重新研究在西北非的登陆计划。

1942年6月17日,丘吉尔与参谋长委员会一道飞往华盛顿开会时,贾扎拉战局已趋于恶化。丘吉尔刚一抵达美国就赶往位于哈德孙河附近海德公园①的罗斯福家中,以私人身份同罗斯福会面。丘吉尔再次强调,眼下在法国发动不成熟的登陆行动是危险的,建议将"体操家行动"作为更好的替代计划重启。6月21日,两军的参谋长在华盛顿会面,虽未就瑟堡登陆一事达成共识,但均认

---

① 一般比较熟悉的"海德公园"是英国伦敦最大的皇家公园,卡尔·马克思就安葬在那里。这里说的"海德公园"是位于美国纽约州的海德公园村,这里是罗斯福出生的地方。——译者注

第7章 "火炬行动"

定北非的一系列行动计划不可靠。

两军的参谋长先是联合对计划提出了消极意见,后来不得不同意,这既是当时战争形势,也是因为罗斯福急于在1942年采取某种积极行动兑现自己对苏联许下的承诺。6月21日,坏消息传来:隆美尔占领了图卜鲁格要塞,英国第八集团军正撤往埃及。

接下来的几个星期,英军在非洲的局势每况愈下,赞同美军直接或间接干预非洲战局的主张甚嚣尘上。1942年6月底,隆美尔进抵阿拉曼防线,并展开攻击。1942年7月8日,丘吉尔致电罗斯福,称必须放弃将在1942年底进行的"大锤行动"①,并且再次力主执行"体操家行动"。丘吉尔还通过驻华盛顿的英国联合参谋团团长、陆军元帅约翰·迪尔转达了一条信息,称"美国只能用'体操家行动',才能在1942年打击希特勒",否则1942年英军与美军都只能"止步不前"。

美军参谋长对"体操家行动"表示反对。马歇尔指责其"代价极高,实则无用"。海军上将恩斯特·金也支持马歇尔,并说:"美国海军不可能一面执行'体操家行动',一面履行对其他战场承担的义务。"马歇尔和恩斯特·金两人一致认为,英军既然不愿在1942年尝试在法国登陆,那么明显也不想在1943年冒这个险。于是,得到恩斯特·金积极支持的马歇尔提出了彻底改变战略的建议——除非英国支持美国提早跨英吉利海峡登陆的计划,否则美国将"转向太平洋消灭日本"。换句话说,就是美国

---

① "大锤行动",是盟军为支援苏军抵抗德军,曾在1942年制订的在欧洲大陆开辟"第二战线"的计划,后来并未执行。——译者注

要对德国采取守势,将一切可用的军需物资投放到太平洋。

罗斯福总统反对军方对自己的英国盟友下"最后通牒"的行为,不同意搞战略转变,还告诉自己的参谋长,除非说服英军在1942年发起跨英吉利海峡的进攻,否则美军要么设法在法属北非殖民地登陆,要么就往中东送援军。罗斯福强调,1942年底前有必要采取某种突击行动。

面对罗斯福总统做出的决定,想必美军的参谋长会选择暂时先对中东英军提供支援,而非采用一贯反对的"体操家行动",何况马歇尔的参谋团队在研究两种方案后还得出了"增援中东英军受损较少"的结论。然而,马歇尔和恩斯特·金竟然转而支持"体操家行动"。1942年7月中旬,他们同哈里·霍普金斯作为美国总统罗斯福的代表一道飞往伦敦,在发现英国参谋长委员会反对艾森豪威尔提出的瑟堡登陆计划后,更倾向于选择"体操家行动"了。

用哈里·霍普金斯的话来说,马歇尔宁愿发兵西北非也不愿增援中东主要是因为"美军难以和在埃及的英军打成一片"。虽然在西北非也存在协同困难的问题,但美军援兵如果前往中东,显然要服从英国指挥官号令,那样会更吃亏。

在1942年7月24日到25日于伦敦召开的两场会议上,英美联合参谋部明确提出采用"超级体操家行动"。很快,罗斯福也签署了同意意见。罗斯福在电报中还强调,登陆日期"不能晚于1942年10月30日"(这项内容是哈里·霍普金斯在一封私人电报中提出的,避免计划被拖延)。应丘吉尔的建议,"超级体操家行动"改叫更鼓舞人心的"火炬行动"。为了平息美军首脑的怒

第 7 章 "火炬行动"

火,在丘吉尔的首肯下,美军与英军就由美国军官担任最高指挥官一事达成了一致。7月26日,马歇尔通知艾森豪威尔赴任"火炬行动"最高指挥官。

现在已经确定要采取"火炬行动"了,但在何时何地执行作战计划还没有确定,甚至没有全面研究过这些事项。很快,英军与美军就"火炬行动"的具体执行事宜产生了新的分歧。

在登陆时间这一问题上,英国参谋长委员会在丘吉尔的催促下提出了1942年10月7日这一具体时间。而美国参谋部则提出"根据可用运输船的状况得出的最早适宜登陆日期"为11月7日。

在登陆地点方面,英军与美军的分歧更大。英军极力主张,为了能向突尼斯快速推进,应在非洲北部的地中海沿岸登陆,但美军参谋部坚持1942年6月修订——当时这个计划只是纯粹被当作美军单方面的行动而修订的——的"体操家行动"的有限目标,并力求在非洲西海岸,也就是大西洋一侧的卡萨布兰卡登陆。美军不仅害怕遭到维希法国军队的抵抗,还担心西班牙军队会采取敌对行为,甚至德国也可能用一次反击占领直布罗陀,从而封锁地中海的入口。英国人为美国人在战略问题上如此谨小慎微感到不快,并争辩说,美军在卡萨布兰卡登陆就等于给了德军占领突尼斯的时间,维希法国在阿尔及利亚和摩洛哥的抵抗要么得到强

化，要么就被这部分德军取代，而盟军的作战意图会被挫败。①

艾森豪威尔及其参谋都倾向于支持英方的意见。1942年8月9日，艾森豪威尔提出的第一个计划纲要其实就是一个妥协方案：从地中海内外两侧同时发起登陆战，但为提防轴心国从西西里岛和撒丁岛派飞机空袭，除在波尼（位于阿尔及尔以东二百七十英里，距离比塞大仍有一百三十英里）进行小规模登陆并夺取机场以外，登陆的地点不能选在阿尔及尔以东。但妥协计划并没让英军计划制订者满意，因为它看起来不具备英国人制订的"必须在穿越直布罗陀二十六天之内，最好是十四天之内占领突尼斯境内各要点"这一关键条件。英国人认为，只有这一基本条件得到满足才可取胜。在英国人看来，为尽快进军突尼斯，盟军有在波尼甚至更东部地点搞大举登陆的必要。

罗斯福总统对争论很重视，命令马歇尔和恩斯特·金重新研究登陆计划。艾森豪威尔也很重视，并在给华盛顿的报告中说美军参谋已经相信英国人的论断有理，正在制订新的登陆计划。新计划将取消以卡萨布兰卡作为登陆地点的决定，并将在其他地区登陆的日期提前。

1942年8月21日，艾森豪威尔的参谋参照英军的策略拿出了

---

① 在华盛顿会议提出重启对西北非作战的研究后，有人在1942年6月28日就这个计划征询我的意见。我一听说计划的登陆地点被选在了位于大西洋沿岸的卡萨布兰卡，就指出卡萨布兰卡距离比塞大、突尼斯这两个战略要地一千一百多英里，而只有尽快占领比塞大和突尼斯才有可能早日成功，即登陆地点应该离比塞大和突尼斯尽可能近。我还强调了在位于"法国人背后"的阿尔及利亚的北部海岸登陆之所以重要，是因为可以让盟军从卡萨布兰卡发动正面进攻、缓慢前进时少遭遇一些可能存在的抵抗。——原注

第7章 "火炬行动"

第二套纲要：取消原定在卡萨布兰卡的登陆，规定美军在距离直布罗陀以东二百五十英里的奥兰登陆，而英军的登陆地点则在阿尔及尔和波尼。但艾森豪威尔本人对这一计划并不热心，并强调说，远征完全在地中海内侧进行，盟军侧翼将完全暴露在敌人面前——这与马歇尔的观点一致。

第一份纲要不合英国参谋长委员会的口味，第二份纲要同样不讨美国参谋部的喜欢。马歇尔告诉罗斯福总统，"仅凭一条交通线通过直布罗陀海峡太危险了"，同时他反对在地中海内侧的奥兰（距离比塞大不足六百英里）以东任何地方发起登陆。

与艾伦·布鲁克从埃及和莫斯科访问回来后，丘吉尔获知这一谨慎转变的消息。丘吉尔与艾伦·布鲁克还在莫斯科时，斯大林就拿西方未能成功开辟"第二战场"一事嘲笑他们，还提了一些例如"你们准备让我们把活都干了，自己袖手旁观？你们是不打算开始战斗了吗？试着向轴心国进攻，你们就会发现没那么糟"的无理问题。丘吉尔自然被深深刺痛，但还是设法引起了斯大林对"火炬行动"可能达到的效果的兴趣，并绘声绘色地描绘了一幅"火炬行动"能减轻苏联压力的图景。丘吉尔万万没想到，美国人竟在如此关头建议缩小这个计划的执行规模！

1942年8月27日，丘吉尔给罗斯福发去长篇抗议电报，称美国参谋部建议的改动方案"可能对全盘计划造成致命影响"，还说"要是在进攻第一天拿不下奥兰和阿尔及尔，全盘计划就都会失去意义"。丘吉尔强调，缩小目标会给斯大林留下不好的印象。

1942年8月30日，罗斯福回复了一封电报，坚持"任何情况下都必须在大西洋有一个登陆场"。罗斯福建议，美军在卡萨布兰

卡和奥兰登陆，英军则在它们的东侧的几个地方登陆。罗斯福也没有忘记，英国在北非及叙利亚等地的军事行动会与维希法国陷入对抗，因此还提出了一个新问题。

> 我深感早期作战必须完全由美军地面部队进行……我有充分理由相信，若英军与美军同时登陆，势必引起全体驻非法军的全力抵抗。相反，如果不用英军而用美军，法军有可能不抵抗或进行象征性抵抗……我们相信：德国无论是空军还是伞兵，至少在进攻开始两个星期内都不可能大批开到突尼斯或者阿尔及尔。①

对要把比西侧登陆目标更重要、更迫切的东侧目标的登陆时间推迟一星期的想法，英国人很吃惊，对美国人提出的"德军在两个星期内无法有效干预"的乐观估计，也很不高兴。

丘吉尔很想利用美国驻维希法国大使威廉·莱希②的影响力为盟军登陆从政治和心理两个角度铺路。虽然丘吉尔"急于让远征确保美国特色"，愿意"尽最大可能让英军在实际作战中退居幕后"，但丘吉尔不相信能隐瞒大部分运输船、空中支援和海军部队都由英军提供的事实——在"美国"的部队登陆之前，法国人首先看到的毕竟还是"英国"的舰船和飞机。于是，丘吉尔在1942年9月1日回复罗斯福的电报中巧妙地提到了上述几点，并强

---

① 丘吉尔：《第二次世界大战回忆录》，第4卷，第477页。——原注
② 威廉·莱希的名字Leahy旧译"李海"，1944年晋升美国海军五星上将，是美军首位五星上将，与罗斯福是生死之交。——译者注

第7章 "火炬行动"

调"我同意你的看法,并且认为机会很大。但这不流血的政治胜利一旦告吹,就将带来非常大的军事灾难"。接着,丘吉尔继续说道:

> 最后,我们认为不管有多少困难,都应该在占领卡萨布兰卡和奥兰的同时占领阿尔及尔。阿尔及尔是最好,也是最有希望的登陆场,在北非能起到举足轻重的政治作用。我们认为,在卡萨布兰卡登陆未必能成功的情况下又放弃阿尔及尔,这是一个非常严重的错误。若导致德军在突尼斯和阿尔及利亚都比我们抢先一步,这将对地中海沿岸的敌我力量对比造成不堪设想的影响。①

丘吉尔的论点足以说明把登陆阿尔及尔列入计划是必要的,但没有谈及往东部更靠近比塞大的区域登陆的重要性。这既是一种妥协,也是一种疏忽,使早日取得战略性胜利变得不可能了。

1942年9月3日,罗斯福在回复丘吉尔的电报中同意将阿尔及尔列入计划,并提议"美军先登陆,英军在一小时之内跟上"。丘吉尔随即接受了这一解决方案,并建议,为了确保阿尔及尔登陆成功,应适度减少派往卡萨布兰卡的部队。罗斯福在做了少许修改后表示同意,还建议在卡萨布兰卡和奥兰"各减少一个团",多提供"一万名登陆阿尔及尔的兵力"。9月5日,丘吉尔回复道:"英国同意美国在军事部署上提出的建议。我们有大批

---

① 丘吉尔:《第二次世界大战回忆录》,第4卷,第479页到第480页。——原注

受过严格登陆训练的官兵,要是方便,英军士兵可以穿着美军军服作战,他们也以此为荣。"罗斯福于同一天回复了电报,上面只有一个"妙"字。

罗斯福和丘吉尔二人终于通过数次电报往来解决了问题。三天后的1942年9月8日,艾森豪威尔确定11月8日为登陆日,但因为急于在登陆时保持"全是美军"的样子,就婉拒了为英军"哥曼德"突击队更换美军军服的建议。丘吉尔则对美军延迟登陆日期和修改作战计划的做法听之任之。其实,丘吉尔曾于1942年9月15日在发给罗斯福的电报中"卑躬屈膝"地说:"我将自己作为您在整个'火炬行动'中政治上、军事上的副手,唯愿您能容我向您坦率说出自己的观点。"①

罗斯福靠这个写在1942年9月5日电报上的"妙"字解决了堪称"跨越大西洋的笔墨官司"。尽管马歇尔还是继续表示怀疑,而他的顶头上司、陆军部部长史汀生则对罗斯福要在北非登陆的决定大发牢骚。不过,罗斯福还是决定迅速执行计划,对拖延造成的影响做了弥补。北非登陆计划作为一个妥协性质的计划,有其"双刃剑"式的影响。正如美国官方史学家承认、强调的那样,由于在北非迅速取得决定性胜利的机会减少,盟军在地中海战场会被对手牵制得更久。②

在"火炬计划"的最终版本里,小乔治·S.巴顿少将指挥的由两万四千五百名美军组成的部队将负责沿大西洋登陆,夺取卡萨布

---

① 丘吉尔:《第二次世界大战回忆录》,第4卷,第488页。——原注
② 特别要参见莫里斯·马特洛夫和埃德温·M.斯内尔所著《1941年到1942年联合作战的战略计划》中高明、深刻的分析。——原注

第7章 "火炬行动"

兰卡。海军少将亨利·肯特·休伊特指挥的西部特混舰队将直接从美国本土出发，运输登陆部队。美军舰船主要来自弗吉尼亚州的汉普顿泊地，由包括二十九艘运输船在内的一百零二艘舰船组成。

劳埃德·弗雷登道尔少将指挥的由一万八千五百名美军组成的中路特混部队负责夺取奥兰，该部将由英国海军准将托马斯·特鲁布里奇指挥的舰队护航。因为美军登陆部队在1942年8月初就被送到了苏格兰和北爱尔兰，因此这支英军舰队是从克莱德湾出发的。

负责对阿尔及尔发起登陆作战的东部海军特混舰队由海军少将哈罗德·伯勒斯爵士指挥，全由英国军舰组成。但登陆突击部队由英军与美军各出九千人组成，并由美军少将查尔斯·赖德担任指挥官。除此之外，英军还将规模在两千人左右的"哥曼德"突击队也编入美军，希望以这种奇特的编组方法让法国人望见前方的美军士兵，进而把整支部队都当作美军。[①]登陆后第二天，也就是1942年11月9日，新编第一集团军司令肯尼思·安德森中将将全权接管阿尔及尔的盟军部队。

盟军派往奥兰和阿尔及尔的两路突击部队分别由两支同时从英国开出的护航队搭载，航速较慢的于1942年10月22日出发，较快的则于四天后的10月26日出发。这样的时间安排可以使两支护航队在11月5日晚上同时穿过直布罗陀海峡。舰队穿过直布罗陀海峡后，护卫工作就由海军上将安德鲁·坎宁安爵士指挥的英国地

---

① 虽然美式英语和英式英语在发音和词汇拼写上有所区别，但因美国是一个移民国家，美式英语本身也就吸纳了各移民地区语言和美国本土（印第安）语言的特色，所以比较好学，很难被认为"不地道"。本章后文和第三十五章都有利用"模仿美式英语"欺骗对手的成功案例。——译者注

中海舰队的部分舰船接管。只要地中海舰队出现,就足以吓得意大利舰队不敢前来阻挠,甚至在盟军登陆后也不敢。因此,正如安德鲁·坎宁安本人曾遗憾地说,自己强大的舰队只能"不停游弋却无所作为"。但安德鲁·坎宁安是艾森豪威尔手下的盟军舰队司令官,要对整个"火炬行动"的海路运输负责,因此手头的工作还是很多的。从英国开出的商船,包括1942年10月初与先赶到的护航队一起抵达的军需船共二百五十多艘,其中有包括三艘美国船在内的运输船共约四十艘。英军在作战中投入的各式护航军舰及掩护类军舰共计一百六十艘。

　　盟军在军事登陆前首先进行外交行动,而盟军的外交行动看起来更像是间谍故事和美国西部故事的混合体再加上一点喜剧插曲混编而成的历史剧。时任美国驻北非首席外交代表罗伯特·墨菲曾积极在他认为可能同情、支持登陆计划的法国官员中谨慎试探,为盟军登陆铺平道路。罗伯特·墨菲特别倚重曾为法军名将阿尔方斯·朱安担任参谋长、现在是阿尔及尔防御部队司令的查尔斯·马斯特及卡萨布兰卡防御部队司令安托万·贝图阿尔将军。不过,美军并不知道卡萨布兰卡防区实际上是由维希法国海军上将弗里克斯·米舍利耶指挥的。

　　查尔斯·马斯特曾请求盟军派遣一名高级军官作为代表,秘密前往阿尔及尔与阿尔方斯·朱安等人秘密会谈,商讨各项计划。为了满足查尔斯·马斯特的要求,刚被任命为"火炬行动"副总指挥的马克·韦恩·克拉克带着四个主要参谋飞到直布罗陀,由英国海军"六翼天使"号潜艇送到位于阿尔及尔以西约六十海里的一所海滨别墅进行秘密会晤。1942年10月21日凌晨,

第7章 "火炬行动"

潜艇到达预定地点，但来不及在天亮前将这些人送上岸，便只能整天待在海底。岸上的法国人等不到人，疑惑又失望地回去了。潜艇上的工作人员往直布罗陀拍电报，经秘密电台网把消息传到了阿尔及尔。于是，罗伯特·墨菲和几个法国人在10月22日晚上又回来了。马克·韦恩·克拉克一行是划着四个帆布筏子上岸的，后来其中一个在返回时翻了。法国人在开会处点了一盏灯，灯背后挂了一条白床单，指引美国代表。

马克·韦恩·克拉克直接告诉查尔斯·马斯特，美国在英国海军与空军支持下要派大军赶赴北非。然而，马克·韦恩·克拉克不够坦率。为了安全起见，他没有向查尔斯·马斯特说清楚盟军登陆的时间与地点。对查尔斯·马斯特这种在合作上起至关重要作用的人过分保密是不明智的，因为这会导致查尔斯·马斯特及其同僚在制订计划、采取合作的步骤上缺乏必要的时间和情报。马克·韦恩·克拉克授权罗伯特·墨菲可以在登陆前夕立刻将日期通知查尔斯·马斯特，但那时查尔斯·马斯特已经来不及通知摩洛哥的同僚了。

维希法国的警察起了疑心，很快来到现场，秘密会议只能意外暂告中断。马克·韦恩·克拉克一行在警察搜查别墅时匆匆躲进了一个空酒窖。这时，一名充当向导的"哥曼德"队员忽然咳嗽，情况变得更加危险。马克·韦恩·克拉克给这位队员一块口香糖镇咳。很快，这名"哥曼德"又讨了一块去，说是之前给的没什么味道。马克·韦恩·克拉克回答说："这倒不出奇，我都嚼了两个小时了！"警察最终带着一肚子怀疑走了，但随时可能再回来。马克·韦恩·克拉克一行在1942年10月23日黄昏前重

新上船时又碰到新麻烦：风浪太大，打翻了一个筏子。马克·韦恩·克拉克险些淹死。眼看天就快亮了，他们一行做了最后一次尝试。其他筏子也翻了，他们浑身湿透了，但总算冲过浪头，平安无事地返回了潜艇。10月25日，马克·韦恩·克拉克一行被转移到一架水上飞机上，随后飞返直布罗陀。

美国和维希法国在秘密会谈上的一个重要议题，是要选一名最合适的维希法国领导人带领北非法军集结到盟军的大旗下。法军司令阿尔方斯·朱安虽然私下表示同意，但表明了自己想尽可能"作壁上观"的打算，不想主动站在前台。但阿尔方斯·朱安手下的几员干将威望不够，同样不愿在明确漠视或者违抗维希法国政府的命令上出头。维希法国军队总司令、海军上将弗朗索瓦·达尔朗[①]很可能在年迈的菲利普·贝当去世后成为国家元首。弗朗索瓦·达尔朗曾在1941年给过威廉·莱希暗示，现在又暗示罗伯特·墨菲，如果美国能保证一定规模的对法军援，自己可能愿意放弃与德国的合作政策，带领法军倒向盟军一边。但弗朗索瓦·达尔朗同样和希特勒混了很久，这样的暗示实难让人相信。此外，弗朗索瓦·达尔朗还是个反英派。法国于1940年投降德国后，英军曾攻击位于奥兰等地的法军舰队，这加深了弗朗索瓦·达尔朗对英国的仇恨。鉴于英国在"火炬行动"中起到重要作用的事实很难被隐瞒，弗朗索瓦·达尔朗的态度就更加可疑了。

戴高乐将军被排挤的理由则恰恰与弗朗索瓦·达尔朗相反。

---

① 第二次世界大战期间，弗朗索瓦·达尔朗曾经先后两次分别投降轴心国和盟军，最后在阿尔及尔被暗杀。一些法国人认为弗朗索瓦·达尔朗是为了国家委曲求全，而另一些人则直言不讳地叫他"卖国贼"。——译者注

第 7 章 "火炬行动"

因为戴高乐曾在1940年对抗菲利普·贝当,随后又参加了丘吉尔经营的进攻达喀尔、叙利亚和马达加斯加的行动,这让至今仍效忠于维希法国政府的全体法军军官,甚至最渴望摆脱德国羁绊的人都不愿服从戴高乐的领导。不仅罗伯特·墨菲这么认为,罗斯福也持相同态度。罗斯福不相信戴高乐的判断力,不喜欢戴高乐的傲慢态度。

最近,自称为"罗斯福的副手"的丘吉尔对美国"主子"唯命是从,同样没有在登陆开始之前将相关信息告知戴高乐。

在这种情况下,整个美国自总统以下都欣然接受了查尔斯·马斯特及其同僚拥戴亨利·吉罗将军为领导北非法军最合适人选的意见。这一点,罗伯特·墨菲在美国代表同维希法国代表密会之前就曾透露过。1940年5月,亨利·吉罗曾经担任一个集团军的司令,后来兵败,当了德国人的阶下囚。他设法在1942年4月逃脱,到了未被德国占领的法国地区,并在答应拥护菲利普·贝当政权后获准居留。亨利·吉罗住在里昂附近,虽然受到监视,却与法国本土及北非的许多法国军官都取得了联系。这些军官和亨利·吉罗本人一样,都想靠美国的力量起义,反对德国统治。亨利·吉罗的观点在一封写给拥护者奥迪克将军的信中表露无遗:"我们不想要美国人来解放我们,我们想让他们帮助我们解放自己,这不太一样。"除此之外,在与美国代表私下谈判时,亨利·吉罗开出的一个条件是,要在凡是有法军作战的法国领土上担任盟军总司令。在读过一封电报后,亨利·吉罗认为自己的条件都被罗斯福接受了。实际上,艾森豪威尔直到登陆前夕的1942年11月7日在直布罗陀会见亨利·吉罗时对这些条件都一无

所知。

当时，亨利·吉罗如约在法国南部海岸某处搭乘了当初把马克·韦恩·克拉克载往阿尔及尔海滨搞秘密谈判的"六翼天使"号潜艇。①后来，亨利·吉罗换乘水上飞机飞往直布罗陀。不过，在上飞机时，亨利·吉罗险些被淹死。亨利·吉罗听说盟军将在1942年11月8日清晨登陆北非，发现登陆指挥权在艾森豪威尔手里，而不是自己手里，大吃一惊。一系列的惊讶最终演变成一场激烈的争论。亨利·吉罗用自己的军衔和得到的保证作为论据，反复强调自己不当最高指挥官就意味着他本人甚至法国的威信扫地。但盟军在11月8日早上会谈恢复时明确保证亨利·吉罗会成为法国在北非的军政首脑之后，亨利·吉罗便安于其位了。这不过是权宜之计，况且弗朗索瓦·达尔朗的身价还高于亨利·吉罗，盟军不久就把这个诺言抛在脑后了。

美军在把"火炬"传递到法属北非时，发动的进攻太过突然，结果搞得自己的朋友和帮手都陷入混乱之中。这比轴心国造成的混乱更严重。盟军的法国合作者毫无准备，所以就没能有效地组织为盟军登陆清路的工作。大多数法国指挥官慑于盟军登陆之突然，自然而然地继续效忠当时的领导人，即维希法国的总统菲利普·贝当元帅。因此，盟军最初的登陆行动都遭到了抵抗。

---

① 亨利·吉罗曾提出过要求：出于政治原因，一定要派一艘美国船来接他。亨利·吉罗的要求得到了满足。"六翼天使"号潜艇由美国海军上校吉拉德·怀特指挥，携带美国国旗（以便在必要时悬挂）出发。亨利·吉罗在儿子与两名年轻副官的陪同下出发了。这两名年轻的副官，其中一个叫安德烈·博福尔。在这次对抗德军的行动中，他发挥了重要作用。后来，不管是在自己的军队，还是在北约体系中，这两名副官的地位都很高。——原注

第7章 "火炬行动"

不过，盟军在阿尔及尔受到的抵抗比在奥兰和卡萨布兰卡受到的抵抗要轻一些。

1942年11月7日深夜，身在卡萨布兰卡的法军师长安托万·贝图阿尔将军获悉美军将在11月8日2时登陆的消息后，立刻派出部队逮捕了德国休战委员会成员。安托万·贝图阿尔认为，五十英里外的拉巴特海滩上有海防炮台，又是法属摩洛哥政府所在地，美军应该会在这里登陆。因此，他还派遣了几名军官去迎接美军。

初步工作完成后，安托万·贝图阿尔亲自带一个营占领了设在拉巴特的陆军司令部，派人护送陆军司令离开。安托万·贝图阿尔还给摩洛哥常驻将军兼总司令查尔斯·诺盖斯和弗里克斯·米舍利耶上将报信，通知他们美军即将登陆。安托万·贝图阿尔还说，亨利·吉罗正在赶来接管整个法属北非指挥权的路上，并任命自己接管摩洛哥法军的指挥权。安托万·贝图阿尔要求查尔斯·诺盖斯和弗里克斯·米舍利耶支持自己发布的命令，不要抵抗美军的登陆行动，为美军让路，以便为自己留条后路。

查尔斯·诺盖斯收到消息后，决定"作壁上观"，直到局势清晰再行动。与他不同，弗里克斯·米舍利耶立刻采取了行动。由于直到1942年11月7日黄昏时，法军巡逻飞机和潜艇都没有侦察到有强大的舰队靠近，便仓促得出了安托万·贝图阿尔要么被骗、要么信了谣言的结论。查尔斯·诺盖斯对弗里克斯·米舍利耶"沿岸没发现强大部队"的保证印象深刻，所以在11月8日5时首批盟军部队登陆报告传来时还以为是英军"哥曼德"突击队发动的攻击。于是，查尔斯·诺盖斯不再"作壁上观"，而是开始反美。他命令法军抵御美军入侵，并将安托万·贝图阿尔以叛国

罪逮捕。

小乔治·S.巴顿部队的主要登陆场设在位于卡萨布兰卡以北十五英里的费达拉,另外两个辅助登陆场设在费达拉再往北五十英里的迈赫迪耶及位于卡萨布兰卡以南一百四十英里的萨菲。卡萨布兰卡港是摩洛哥在大西洋沿岸唯一有良好港口设备的大港。而费达拉正好拥有一片适合登陆且距离卡萨布兰卡城及其戒备森严的港口最近的登陆场。另外,小乔治·S.巴顿之所以选中迈赫迪耶,是因为迈赫迪耶靠近摩洛哥唯一建有混凝土跑道的利奥泰港机场;而选中萨菲则是因为只需一支右翼部队就可以阻挡内陆城市马拉喀什强大的法国守军赶来卡萨布兰卡干扰登陆。当时,新型登陆载具坦克登陆舰还在制造中,所以来不及投入"火炬行动",而萨菲又恰好有一个允许中型坦克登陆的港口。

1942年11月6日,美军舰队在安全渡过大西洋后,逐渐靠近摩洛哥沿岸。当时,美军收到了"大浪"的报告,天气预报更是说11月8日的风浪将使登陆无法进行。但亨利·肯特·休伊特手下的气象专家预计风暴要过去。于是,他决定冒险执行在大西洋沿岸登陆的计划。11月7日,风浪开始减弱。11月8日,海上风平浪静,只有小小余波。当天海面上的风浪是11月里最小的,但盟军因为缺乏经验,还是出现了很多问题,时间也延误了。

不过,情况至少比小乔治·S.巴顿那边的情况要好。小乔治·S.巴顿在部队登船出发前的最后一次会议中做了一次非常具其代表性的"慷慨激昂"的演讲,并在演讲中做了一个预测。小乔治·S.巴顿讽刺、挖苦海军人员,说海军精心策划的登陆计划"不用五分钟"就会完蛋。接着,他还宣称:"历史上,海军就没有准时

第7章 "火炬行动"

准地把陆军送上岸。不过,要是你们能在指定登陆日一星期以内把我们送到位于费达拉五十英里内的任何地方,我们就能勇往直前、取得胜利。"

幸亏法军出现了混乱、犹豫的状况。直到美国第一批登陆部队上岸,法军才开始猛烈攻击。但当时天已经亮了,能见度已经足以帮助美军军舰的炮手压制法国的沿海火炮。不过,美军的滩头部队既缺乏经验又总是犯错,在建立并扩大滩头阵地时又遭遇了新的麻烦。于是,小乔治·S.巴顿把手下大骂一通。登陆部队和小型舰艇现在都在超负荷运转。尽管美军在登陆第二天,即1942年11月9日就向卡萨布兰卡进军了,在路上也没有碰到什么抵抗,但还是被装备不足拖了后腿。其实装备都堆在海滩上,但就是送不到部队手里,行军也因此突然停下。11月10日,美军进展很小,法军的抵抗开始加强。看上去,美军登陆战的前景变得黯淡了。

如果没能在1942年11月8日解除法国海军的威胁,局势将对盟军更加不利。美军是在卡萨布兰卡港外进行的一场略带古代遗风的海战中消灭法国海军的。11月8日7时刚过,法国的汉克角炮台和港内未建成的最新锐但不能离开锚地的战列舰"让·巴尔"号向由战列舰"马萨诸塞"号、两艘重巡洋舰及四艘驱逐舰组成的美国海军掩护舰队开火。虽然法军有几发炮弹险些击中美国海军掩护舰队,但美国海军掩护舰队最终毫发无损,并且还击有力,暂时将汉克角炮台和"让·巴尔"号战列舰的炮火都压制住了。不过,盟军对法国海军炮击一事过分关注,忽略了将法军战舰困在原地的任务。11月8日9时,法军已有一艘巡洋舰、七艘驱逐舰和八艘潜艇逃跑成功。法军驱逐舰都开到了费达拉,当地的美军

运输船一时就成了"活靶子"。幸亏亨利·肯特·休伊特及时派遣了一艘重巡洋舰、一艘轻巡洋舰和两艘驱逐舰将法国驱逐舰拦截并逼退了。随后亨利·肯特·休伊特召唤掩护舰队切断法军退路。法军凭借高超的操舰技术，合理地使用烟幕，加之潜艇发动的牵制战，以损失一艘驱逐舰的代价从盟军的压倒性火力优势下死里逃生。随后，法军又发动了第二次进攻，企图到达盟军运输船卸载区。结果法军又损失了一艘驱逐舰，剩余的六艘驱逐舰只剩一艘完好无损。后来，法军又有两艘驱逐舰在海港内被击沉，仅剩的四艘驱逐舰受损严重。

然而，这并不意味着盟军已经取得决定性胜利，因为汉克角炮台和"让·巴尔"号战列舰的十五英寸——三百八十一毫米火炮又开始活跃。而美国海军此前已经消耗了大部分弹药，可能无法赶走从达喀尔开过来的法国军舰，这是美军最担心的。

幸运的是，阿尔及尔的政局正向着有利于盟军的方向发展，这对卡萨布兰卡和整个大西洋沿岸战局都起到了决定性的影响。傍晚，查尔斯·诺盖斯辗转打听到以弗朗索瓦·达尔朗为首的法国当局已经在1942年11月10日发布停战命令。查尔斯·诺盖斯凭这条未经证实的消息迅速行动，命令下级指挥官停火，等待停战。

比起西部特混部队在卡萨布兰卡登陆时遭遇的抵抗，美军在奥兰的登陆时遭遇的抵抗更加顽强。但美军部队和负责运输、登陆工作的英国海军之间的联合计划、相互配合十分默契。美军的先头部队是由特里·艾伦少将任师长的美国第一步兵师。美军步兵训练有素，还能得到第一装甲师一半兵力的支援。

美军计划以两翼包抄的方式占领奥兰及其港口。特里·艾伦

第7章 "火炬行动"

手下的两个团级作战单位将在奥兰以东二十四英里的阿尔泽湾登陆。西奥多·罗斯福准将率领的第三个团级作战单位则在位于奥兰城以西十四英里的莱桑达卢塞登陆。接着,美军派出一支轻型装甲纵队从阿尔泽滩头堡往内陆推进,另一支更小的轻装甲纵队则从更远的、位于奥兰以西三十英里的布扎贾尔港出发,攻占奥兰以南各大机场,并从背后逼近奥兰城。封锁奥兰是很重要的一步,因为据估计,如果得到内陆各地派来的增援,那么不出二十四小时,城内守军人数就几乎可以增加一倍。

美军作战行动开局顺利。1942年11月7日黄昏,护航舰队假装经过奥兰并继续向东,在夜间又摸黑掉头折返。11月8日1时,盟军准时在阿尔泽开始登陆。11月8日1时30分,盟军在莱桑达卢塞和布扎贾尔两地登陆。虽然法军布置了十三座沿海炮台,但炮火袭扰直到11月8日天亮后才开始,给盟军造成的伤害较小。多亏盟军海军支援有力,发射烟幕弹掩护登陆。盟军的登陆、卸货大致进展顺利,只是因为士兵每人携带近九十磅①的重装备,负荷过重,这才导致卸载过程缓慢。阿尔泽港被占领后,盟军运输舰便开始在码头上卸载搭载的中型坦克。

为了防止守军破坏奥兰港的港口设施及港内停泊的船舶,美军对奥兰港发动了正面进攻,却打了一个大败仗。两艘英军快艇"沃尔纳"号和"哈特兰"号搭载着四百名美军士兵和两艘摩托艇执行登陆任务。美国海军部门曾因这项任务太莽撞而极力反对。结果证明,这两艘快艇执行的是"自杀任务"。盟军行动

---

① 一磅约合四百五十克。——译者注

的时间被不明智地安排在登陆后两小时。此时,各地的登陆已经引起了法军的警戒。虽然英军快艇悬挂着大尺寸美国国旗,但法军没有注意到。法军火力重创英国快艇,艇上士兵和船员死伤大半,余下的都沦为了俘虏。

截至1942年11月8日9时,各滩头堡都已经发动了进攻。11月9日11时刚过,沃特斯上校的轻装甲纵队就从阿尔泽出发,赶到了塔法拉乌伊机场,并发回了"一小时后直布罗陀的飞机可以起降"的消息。然而,沃特斯的纵队刚往北转向,还没到拉塞尼亚机场就遭到了阻击。从布扎贾尔港出发的保罗·罗比内特上校的纵队也是如此。盟军从阿尔泽、莱桑达卢塞集中步兵发动进攻,在逼近奥兰时遭遇抵抗,同样无法前进。

1942年11月9日,盟军进展甚微。法军的抵抗加强了,还对阿尔泽滩头堡的侧翼发起反攻。然而,威胁被骇人听闻的报道放大了,劳埃德·弗雷登道尔不得不从其他战场分兵解围。11月9日下午,拉塞尼亚机场被占领时,大部分法国飞机都飞走了,战场上炮火连天,机场跑道不能使用。盟军于夜里绕开法军在通往奥兰公路上设置的一些孤立的防御点后,于11月10日早上集中攻击奥兰。盟军步兵尽管从东西两路发起的夹攻再次受阻,但成功吸引了守军的注意力。盟军两支轻装甲纵队从南方直接进入奥兰城,一路上除偶尔的打出的冷枪外没有遭遇什么抵抗。轻装甲纵队在11月9日中午前就到达了城中的法国指挥部。于是,法军指挥官一致决定投降。美军在三天的地面作战中损失不到四百人,法军的损失则更少——正是法军指挥官注意到了阿尔及尔的谈判,才导致双方损失变少的。特别是最后一天,法军的抵抗是逐步减弱的。

第7章 "火炬行动"

盟军在阿尔及尔的登陆行动较顺利,耗时较短,这多亏了镇守当地的查尔斯·马斯特将军及其同僚。除在登陆之初进入港口时发生了像在奥兰一样的战斗外,盟军都没有遇到猛烈抵抗。

1942年11月7日拂晓,一艘叫"托马斯·斯通"号的美国运输船在距离阿尔及尔不到一百五十英里处被德国U艇发射的鱼雷击中,暂时陷入瘫痪。不过,随着运输船继续深入地中海,就再没遇到什么麻烦。虽然盟军护航队的行踪被几架敌人侦察机发现,但直到天黑后盟军护航队往南掉头开往登陆海滩时空袭才来。盟军登陆部队兵分三支,一支在位于阿尔及尔以东十五英里的马提富角附近登陆,一支在阿尔及尔以西十英里的西迪费鲁希角附近登陆,另一支则在西迪费鲁希角以西十英里的卡斯蒂廖内登陆。作为政治伪装,美军部队中混编了一些英军"哥曼德"突击队,并在最靠近阿尔及尔的几个地方登陆,而英军的主登陆场则在更西边的卡斯蒂廖内海滩。

1942年11月8日1时,盟军登陆准时开始。尽管海滩条件较差、危险重重,但盟军登陆仍然比较顺利。盟军遇到了从内陆赶来的法军士兵,法军士兵说自己已经接到了不抵抗的命令。11月8日9时,盟军部队到达卜利达机场。盟军在阿尔及尔东海岸登陆稍迟,还引发了一些混乱。但法军没有抵抗,因此局势很快就稳定下来。

1942年11月8日6时刚过,盟军部队就抵达了重要的白楼机场。守军象征性开了几枪就算是抵抗过了。但盟军在往阿尔及尔市区进军时竟碰上了一个拒不放行的村庄据点。该据点甚至派出三辆法国坦克进攻,威胁盟军,盟军只得停止前进。马提富角的海防炮

台守军同样不响应投降号召。11月8日午后,盟军动用舰炮轰炸两次,俯冲式轰炸机轰炸一次,驻守法国炮台的守军这才屈服。

盟军抢占阿尔及尔港的情况更糟。英国两艘驱逐舰"布洛克"号和"马尔科姆"号悬挂着大幅美国国旗,搭载一个美国步兵营的士兵执行这个冒险的任务——盟军原本计划在正式登陆的三小时后入港,并期望法国守军即便不默许美军登陆,也能被提前调离阿尔及尔港。恰恰相反,两艘驱逐舰一接近港区入口就遭到猛烈炮击。"马尔科姆"号驱逐舰被重创,撤退了。"布洛克"号驱逐舰试了四次才冲破法军的交叉火力网,停靠在阿尔及尔港的码头边。美军士兵随即上岸。起初美军士兵未遭抵抗就占领了港口各设施,"布洛克"号驱逐舰开始遭到法军炮火轰击,不得不起锚撤退。登陆的美军陷入法属北非军队的重重包围。因为弹药即将用完,又不见主力部队前来接应,只得在11月8日午后投降。其实,法军炮火并非为了消灭而是为了困住美军登陆部队。

在阿尔及尔以西的西迪费鲁希角附近的登陆延迟的时间较长,出现的差错较多。一些登陆艇走错了航道,开到计划中位于更西部的英军登陆场了。一个营的人员上岸,散布在长达十五英里的海岸上。登陆艇有的因海浪过大失事,有的因发动机故障而延误了到达时间。幸亏盟军部队一开始就受到法军的欢迎,或者根本未遭到抵抗,并且查尔斯·马斯特和麾下的一些军官都来迎接并开路,否则,盟军登陆将在付出巨大代价后失败。但盟军在仓促整编后朝阿尔及尔前进时,在几个地方遭到了抵抗。因为当时查尔斯·马斯特被解职了,合作命令被取消,查尔斯·马斯特原来的部下又开始奉命阻挡美军前进。

第7章 "火炬行动"

身处阿尔及尔并与盟军合作的法国人是在登陆前夕才仓促接到通知的。他们对盟军登陆的目标不甚了解,因此面临着很大困难,但还是很好地完成了任务。盟军支持者迅速实施协助登陆行动:派遣军官到海边迎接并指引美军,组织部队夺取并控制据点,切断大部分电话通信设施,占领警察总局及各分局,羁押不支持不抵抗盟军登陆行动的高官,甚至接管广播电台,以备亨利·吉罗或者有人以亨利·吉罗名义发表能决定大局的讲话。总而言之,盟军支持者已经做好了充分的准备,确保法军抵抗陷入瘫痪,一度控制阿尔及尔直到1942年11月8日7时左右。这比法国的盟军支持者预计的,或者认为必需的时间要长。但盟军从各海滩登陆场进军的速度反倒很慢,达不到要求。

1942年11月8日7时,美军还没有出现。法国的盟军支持者不能再控制自己的法国同胞了。当盟军支持者以亨利·吉罗的名义播发呼吁时,由于亨利·吉罗本人没有到场,因此响应者寥寥,可见亨利·吉罗的声望被高估了。法国的盟军支持者不久就无法控制局面了,有的被除掉了,有的被逮捕了。

同时,法国高官进行重要讨论。1942年11月8日0时30分,罗伯特·墨菲去见阿尔方斯·朱安将军,透露了一支强大部队即将登陆的消息,敦促阿尔方斯·朱安与盟军合作,让他命令法军不抵抗。罗伯特·墨菲说这些部队是应亨利·吉罗的邀请,帮助法国实现解放的。阿尔方斯·朱安不接受亨利·吉罗的领导,也不认为亨利·吉罗有这么大的权力,只说必须请示弗朗索瓦·达尔朗。巧的是,弗朗索瓦·达尔朗正好乘飞机来阿尔及尔探望病危的儿子。于是,弗朗索瓦·达尔朗在半夜被一通邀请自己去阿尔

方斯·朱安的别墅听取罗伯特·墨菲紧急通知的电话吵醒。弗朗索瓦·达尔朗赶到别墅,听说盟军即将进攻,大骂道:"我一直都知道英国人很蠢,总以为美国人聪明一些。现在看来,我相信你们和他们犯的错误一样多。"

经过一番讨论,弗朗索瓦·达尔终于同意向菲利普·贝当发一封汇报局势,并请求代表菲利普·贝当全权处理局势的电报。同时,别墅已经被一小股反维希政府的法国武装人员包围,因此弗朗索瓦·达尔朗实际上已经被监视。但武装人员随后就被一股法国机动保安队的特遣队驱逐,罗伯特·墨菲也被逮捕。各怀鬼胎、怒目相向的弗朗索瓦·达尔朗和阿尔方斯·朱安前往位于阿尔及尔的司令部。阿尔方斯·朱安在司令部释放了被查尔斯·马斯特将军及其同僚逮捕的路易斯·科尔策将军等军官,却将查尔斯·马斯特一伙逮捕。不过,1942年11月8日8时前,弗朗索瓦·达尔朗又给菲利普·贝当发报,强调"局势急转直下,防御不久就会崩溃"。这显然是暗示盟军势不可当,屈服才是上策。在回电中,菲利普·贝当提供了弗朗索瓦·达尔朗需要的一切授权。

1942年11月8日9时,美国驻维希法国代办平克尼·塔克面见菲利普·贝当,并呈交了罗斯福总统要求合作的书信。菲利普·贝当拿出早已经写好的回复交给平克尼·塔克,并表示自己对美国"侵略"感到"惶惑又痛心"。他还说,即便是老朋友进攻法国控制的地区,法国也要抵抗——"这就是我的命令"。但菲利普·贝当对平克尼·塔克的态度很和蔼,并不像是痛心。实际上,菲利普·贝当说这番官话其实是试图减少德国方面的疑心

第7章 "火炬行动"

和干预。然而,皮埃尔·拉瓦尔①总理在希特勒的压力下"接受"了德国提供的空军支援。11月8日,轴心国已经在调集部队准备前往突尼斯了。

同时,弗朗索瓦·达尔朗已经自行命令阿尔及尔的法国部队及军舰停火。虽然弗朗索瓦·达尔朗的命令在奥兰和卡萨布兰卡不起作用,但弗朗索瓦·达尔朗授权阿尔方斯·朱安在整个北非解决问题。1942年11月8日傍晚,美军与法军谈妥:美军将在当天20时后接管阿尔及尔,盟军可在第二天,即11月9日使用港口。

1942年11月9日下午,马克·韦恩·克拉克前来主持必要的、更加全面的谈判,肯尼思·安德森指挥盟军往突尼斯进攻。亨利·吉罗在几分钟前到达会场,却发现到场的法国领导人不欢迎自己,只好找了一户人家暂避风头。马克·韦恩·克拉克说"亨利·吉罗几乎转入地下"。不过,11月10日早晨,亨利·吉罗在马克·韦恩·克拉克和弗朗索瓦·达尔朗、阿尔方斯·朱安及主要部下会面时又出现了。

马克·韦恩·克拉克在会议上逼迫弗朗索瓦·达尔朗下令法属北非各地立刻停火,弗朗索瓦·达尔朗犹豫了一阵,辩称已经把所有条件摘要都送往维希,等待维希政府回复。马克·韦恩·克拉克大拍桌子,说要叫亨利·吉罗代替弗朗索瓦·达尔朗下命令。弗朗索瓦·达尔朗听后指出,亨利·吉罗没有合法权力,个人威望也不够,还说下这么一项命令"会导致德国

---

① 皮埃尔·拉瓦尔是一个极端和平主义者,正是他把法国引上了绥靖主义的歧路。自1942年4月起,皮埃尔·拉瓦尔在希特勒的支持下成为法国总理,从此一直左右菲利普·贝当政府。——译者注

立刻占领法国南部"。果然不久后，这个预言就应验了。马克·韦恩·克拉克又争了几句，拍了几下桌子，不客气地对弗朗索瓦·达尔朗说，不马上下令就把他关起来。原来，马克·韦恩·克拉克提前做了准备，在大楼四周布置了全副武装的警卫。于是，弗朗索瓦·达尔朗和部下简单谈了几句，1942年11月10日11时12分接受了最后通牒，按照马克·韦恩·克拉克要求的内容发布了命令。

弗朗索瓦·达尔朗下令停止抵抗的消息传到维希，菲利普·贝当本人当然准备同意，但当时奉召前往慕尼黑的皮埃尔·拉瓦尔在路上听说了这个消息，就打电话劝菲利普·贝当拒绝。果然，1942年11月10日午后不久，马克·韦恩·克拉克收到了维希法国拒绝停战的消息。他将该告知弗朗索瓦·达尔朗，弗朗索瓦·达尔朗垂头丧气地说："我只好撤销今晨签署的命令了。"马克·韦恩·克拉克斥道："你不准这么做，这个命令不能撤销。为了不让它被撤销，我要把你关起来。"弗朗索瓦·达尔朗早就暗示过"羁押"的解决方法，现在心甘情愿地接受了，并这样回复菲利普·贝当："我已经取消了命令，并且束手待擒了。"

当然，"取消命令"只是说给维希政府和德国政府听的。1942年11月11日，菲利普·贝当在希特勒通过皮埃尔·拉瓦尔施加的压力下宣布，将授予弗朗索瓦·达尔朗在北非的一切权力转交查尔斯·诺盖斯，却又在事先发密电给弗朗索瓦·达尔朗，称自己这么宣布并非发自本心，而是迫于德国的压力。如此矛盾之词，是菲利普·贝当被时局所迫使用的伎俩，同样使阿尔及尔以外的北非局势和法军指挥官更加混乱。

第7章 "火炬行动"

幸运的是,希特勒只命令德军入侵1940年停战协定中规定的属于维希法国政府管辖的法国未被占领地区,这种行为澄清了局势,消除了法军指挥官的疑虑。1942年11月8日和11月9日,希特勒强迫维希法国政府接受德国提供的军事支援。维希法国政府避而不答,这种保留的态度让希特勒更加起疑。11月10日,皮埃尔·拉瓦尔到达慕尼黑,见到了希特勒和墨索里尼。11月10日下午,希特勒坚持要求维希法国把设在突尼斯的各港口和空军基地交给轴心国部队使用。皮埃尔·拉瓦尔还想以"法军不能让意大利军队开进,只有菲利普·贝当才有决定权"为理由推脱,但失去耐心的希特勒在会谈结束后不久就命令早就做好准备的德军和意大利军队于午夜一起立刻开进法国未被占领的地区,夺取法国在突尼斯的海空军基地。

很快,法国南部被德国机械化部队及六个从东面开入的意大利师占领了。1942年11月9日下午,德国飞机抵达突尼斯市附近的一个机场,随机运来了地面警卫部队,但都被法军围困在机场里。空运从11月11日起成倍增加,附近的法军被德军解除了武装。此外,德军走海路把坦克、火炮、运输车辆和军需物资都运到了比塞大。11月底,德国运来了约一万五千名德军,其中大部分是负责维持基地运转的后勤人员,同时运来的还有约一百辆坦克。此外还有约九千名走陆路从的黎波里赶来并掩护南部侧翼的意大利军队。考虑到当时轴心国军队正四处受逼,能在匆忙之中搞出这样的调集行动确实是个不错的成绩,但要和盟军已经在法属北非集结起来的军队相比,规模还是太小了。如果"火炬行动"计划的大批盟军远征部队用于进攻突尼斯,或盟军统帅部

稍微加快推进速度，那么轴心国凭如此小规模的军队是不能抵挡住盟军的。在得知德军入侵法国南部的消息后，非洲的法军指挥官大为震惊，这对盟军来说是再好不过的消息。不过，11月11日早晨消息传来以前，阿尔及尔又发生了一次拉锯式谈判。面谈时，马克·韦恩·克拉克逼迫弗朗索瓦·达尔朗采取两项紧急措施——命令驻土伦港的法军舰队开到一个北非港口，同时命令突尼斯总督、海军上将让-皮埃尔·埃斯特瓦拒绝德军进入。起初，弗朗索瓦·达尔朗以自己已经在广播中通报过被免去司令职务，可能没人服从自己的命令为理由推三阻四。于是，马克·韦恩·克拉克进一步相逼，弗朗索瓦·达尔朗就干脆拒绝。马克·韦恩·克拉克大踏步走出屋子，大声摔门而去。但11月11日下午，马克·韦恩·克拉克再次接到弗朗索瓦·达尔朗求见的电话——由于法国局势的变化，弗朗索瓦·达尔朗同意了马克·韦恩·克拉克的要求——只是弗朗索瓦·达尔朗写给土伦舰队司令的电报措辞读来更像紧急建议而非命令。还有另一个有利的转变：被维希政府指定为弗朗索瓦·达尔朗接班人的查尔斯·诺盖斯同意在11月12日到阿尔及尔会谈。

然而，1942年11月12日凌晨，马克·韦恩·克拉克听说弗朗索瓦·达尔朗撤销了让法军在突尼斯抵抗德军的命令，大吃一惊，遂召弗朗索瓦·达尔朗和阿尔方斯·朱安到自己下榻的旅馆询问。真相很快大白：这是阿尔方斯·朱安的主意。阿尔方斯·朱安辩称这并非撤销抵抗命令，而只是暂缓执行，直到身为自己合法上司的查尔斯·诺盖斯到来。死抠"合法性"固然是法军军纪的特点，但马克·韦恩·克拉克觉得两人是在打官腔。马

第7章 "火炬行动"

克·韦恩·克拉克要求弗朗索瓦·达尔朗和阿尔方斯·朱安不等查尔斯·诺盖斯到来就立刻重新向突尼斯的法军下令。虽然弗朗索瓦·达尔朗和阿尔方斯·朱安在马克·韦恩·克拉克的坚持下屈服了,但马克·韦恩·克拉克因为弗朗索瓦·达尔朗和阿尔方斯·朱安不让亨利·吉罗参会而再生疑窦。马克·韦恩·克拉克对弗朗索瓦·达尔朗和阿尔方斯·朱安的拖拖拉拉感到无比恼火,并放出狠话,说除非弗朗索瓦·达尔朗和阿尔方斯·朱安在二十四小时内做出令人满意的决定,否则就要把所有法军领导人统统逮捕,关到阿尔及尔港内的一艘船上。

同时,菲利普·贝当发来第二封密电,再次表达了对弗朗索瓦·达尔朗的信心,并强调自己和罗斯福的默契,只是当着德国人无法袒露心迹。这意味着,在其他非法国领导人眼中,弗朗索瓦·达尔朗的地位提升了。弗朗索瓦·达尔朗比很多法国人都识时务,现在又有菲利普·贝当的密电在手,在与同盟国达成工作协议方面就可以取得查尔斯·诺盖斯等人的同意,甚至包括亨利·吉罗的认可。马克·韦恩·克拉克在1942年11月13日继续举行的会议上又威胁要把法国军官都关起来,会议进程也因此加速了,在当天下午就达成协议。艾森豪威尔刚从直布罗陀坐飞机过来,立刻就签署同意。根据条款,弗朗索瓦·达尔朗担任高级专员、海军总司令;亨利·吉罗担任陆空军总司令;阿尔方斯·朱安担任东区司令;查尔斯·诺盖斯担任西区司令和法属摩洛哥总督,立刻开始积极配合盟军解放突尼斯的行动。

艾森豪威尔之所以对签署协议格外热心,一方面是因为和马克·韦恩·克拉克一样认识到只有弗朗索瓦·达尔朗才能带领法军

倒向盟军；另一方面是因为想起了即将离开伦敦时，丘吉尔对自己说的一句话："虽然我很恨弗朗索瓦·达尔朗，但要是让我见他并能让他把手下的舰队带到盟军麾下，就是让我手脚并用在地上爬一英里我也高兴。"罗斯福和丘吉尔立刻认可了艾森豪威尔的决定。

因为长期以来弗朗索瓦·达尔朗都是以亲纳粹的丑角形象出现在媒体上的，所以这么一笔"和弗朗索瓦·达尔朗的交易"在英国和美国都掀起了抗议风暴。丘吉尔和罗斯福都没预料到事情会这么严重。又因为戴高乐在英国，其支持者更是竭力点燃公众怒火，所以在英国，人们对"与弗朗索瓦·达尔朗交易"的抗议声音更大。为了平息风波，罗斯福发表公开声明进行解释，还引用了丘吉尔发给他私人电报中的一句话，即同弗朗索瓦·达尔朗做交易"是权宜之计，唯一的理由是战事紧迫"。罗斯福还在一次不许媒体报道的记者招待会上把与弗朗索瓦·达尔朗签订的协议说成是对一句古老东正教谚语的活用："我的孩子，在最危险的时刻，你可以与魔鬼同行，直至你走过桥去。"

罗斯福把协议说成"权宜之计"是对弗朗索瓦·达尔朗的当头一棒，更让他自觉受了骗。弗朗索瓦·达尔朗在写给马克·韦恩·克拉克的一封抗议信中愤愤地说，自己无论在公开谈话中还是私下谈话中似乎都是"美国人榨干后就扔掉的柠檬"。曾经支持弗朗索瓦·达尔朗和盟军达成协议的法军指挥官听了罗斯福的话更加生气，深感不安的艾森豪威尔在发给华盛顿的电报中强调"法国人现在的情绪和原来估计的相去甚远，最重要的是，千万不可鲁莽行事，否则我们建立的均势就被打破了"。史末资将军在从伦敦返回南非的途中飞到阿尔及尔，并致电丘吉尔："至于

第7章 "火炬行动"

弗朗索瓦·达尔朗，公开发表的声明已经让当地法国领导人感到不安，长此以往将很危险，查尔斯·诺盖斯手中握着全体摩洛哥居民，如果查尔斯·诺盖斯辞职，有可能带来深远影响，而他现在已经在以辞职相威胁了。"

与此同时，弗朗索瓦·达尔朗已经就合作行动和马克·韦恩·克拉克达成详细协议。弗朗索瓦·达尔朗说服西非法军指挥官服从自己的领导，还把达喀尔的重要港口和空军基地供盟军使用。然而，弗朗索瓦·达尔朗在1942年平安夜被狂热青年沙佩勒刺杀。沙佩勒是保皇党及戴高乐的支持者，这些人一直在迫使弗朗索瓦·达尔朗下台。刺杀行动加快了弗朗索瓦·达尔朗支持者的崩溃，也帮助同盟国解决了尴尬的政治问题，更为戴高乐的上台扫清了道路。同时，同盟国已经在"和弗朗索瓦·达尔朗的交易"中得到好处了。丘吉尔在回忆录中这样评论弗朗索瓦·达尔朗遇刺："刺客无论多么可恶，但帮助盟军摆脱了和弗朗索瓦·达尔朗共事的窘境，同时把弗朗索瓦·达尔朗在登陆的关键时刻能提供的一切便利都留给了盟军。"根据亨利·吉罗命令，刺客被交付军事法庭审判，很快被处以死刑。1942年12月27日，法国领导人一致推选亨利·吉罗继任弗朗索瓦·达尔朗的高级专员一职。亨利·吉罗"补了缺"，但任期极短。

法国在北非有近十二万人的大军，其中在摩洛哥大约有五万五千人，在阿尔及利亚有五万人，在突尼斯有一万五千人。尽管法军分布很广，但如果坚持抵抗盟军，也能形成不可小觑的阻力。如果盟军得不到弗朗索瓦·达尔朗相助，就会面临比实际情况严峻得多的难题。

只是弗朗索瓦·达尔朗提供的协助及拥有的权力还是在一件大事上未能收到预期效果，即没能将法军公海舰队主力从土伦派往北非。法国公海舰队司令让·德·拉博德既没有得到菲利普·贝当口头批准，也不愿意响应弗朗索瓦·达尔朗的号召。弗朗索瓦·达尔朗派出的特使还被德军抓去。让·德·拉博德的犹豫与焦虑随着狡猾的德军停在法国海军基地边缘并将法军舰队留在一个只由法军部队设防的地区而越发减少。同时，德军还准备了一个对俘获整个法国舰队无害的阴谋：德军在设下封锁海港各出口的雷区后，于1942年11月27日发动进攻。法军虽然因为拖延丧失了突围机会，但还是以极快的速度赶在德军夺取舰队前成功凿沉了战舰，兑现了11月10日弗朗索瓦·达尔朗在阿尔及尔与马克·韦恩·克拉克首次会谈时"我们不会让舰队落入德军之手"的承诺。法国公海舰队没能来到北非，令盟军失望。但法国公海舰队沉没了，德国人用其对付盟军的计划落空了。对盟军来说，这多少算是安慰。

在这个关键时期，特别是"火炬行动"的最初几天，还有一件事令人感到安慰：西班牙竟然没有干涉，希特勒也没有尝试假道西班牙对地中海的西部入口发起反击。西班牙军队本来可以从阿尔赫西拉斯开炮炸得直布罗陀的港口和机场无法使用，也可以切断小乔治·S.巴顿的部队和阿尔及利亚境内的盟军之间的交通线。因为卡萨布兰卡到奥兰的铁路距离西属摩洛哥边境仅有二十英里。英国人在"火炬行动"还在制订计划的阶段就曾说过，要

第7章 "火炬行动"

是佛朗哥插手,就无法继续使用直布罗陀[①],而艾森豪威尔手下的参谋预估"占领西属摩洛哥需要五个师的兵力及三个半月的时间"。幸亏佛朗哥安于让西班牙做一个按兵不动的"不交战"轴心国盟友——而美国既购买西班牙产品又允许佛朗哥的船舶走加勒比海以获取石油则让他更加安心。轴心国文件显示,希特勒在领教过佛朗哥对自己假道西班牙攻打直布罗陀要求避而不答手段的厉害之后,从1942年11月开始就并未真正考虑过打这样的反击战了。1943年4月,由于轴心国军队在突尼斯吃紧,加之担心盟军提早入侵意大利王国,希特勒才重新开始考虑假道西班牙反击盟军的想法。很快,墨索里尼也有这个想法了。但希特勒当时拒绝了墨索里尼发动反击战的请求,因为希特勒既担心借道行为会遭到"不交战"的西班牙盟友激烈、顽固地抵抗,也仍深信轴心国的部队可以固守突尼斯。1942年11月底,因派往突尼斯的少量轴心国军队在阻止盟军进军方面取得很大成功,希特勒对"轴心国军队能坚守突尼斯"一事信心倍增。

[①] 这并非新结论。我曾在1936年西班牙内战爆发后的许多文章、讲座和私人谈话中强调过这一点。当时,人们讨论,要是西班牙最终被法西斯政权控制,并且该政权决心积极与轴心国合作将带来怎样的危险。——原注

第 8 章 为争夺突尼斯城而展开的激战

The Race for Tunis

第8章 为争夺突尼斯城而展开的激战

盟军先是走一段极短的海路朝突尼斯城和比塞大进发的，目标是位于阿尔及尔以东一百英里的贝贾亚港。比起原计划，这次进军实际上缩水了。因为按照假设法军全面合作的原计划，盟军将派出伞兵在1942年11月11日到11月13日连续三天占领波尼、比塞大和突尼斯的机场，阿尔及尔登陆部队的海上预备队则出发占领贝贾亚港和距离前进基地四十英里的吉杰勒机场。但战局在盟军登陆阿尔及尔后变得扑朔迷离，因此占领贝贾亚港等地的作战计划就因路程较远、风险太大被放弃了，改为在11月9日占领贝贾亚及吉杰勒机场，并急调一支部队前往突尼斯边界附近的苏克阿赫拉斯火车站，再用另一支登陆部队和空降部队占领波尼。

1942年11月10日傍晚，两支得到严密保护的护航舰队载着英国第七十八师（师长维维安·伊夫利少将）的一个加强旅及各种补给从阿尔及尔启程，并在11月11日清晨到达贝贾亚港外海。但由于害怕法军迎战——事后发现其实是迎接，就没有及时在附近波涛汹涌的海滩登陆。原定在吉杰勒附近的登陆计划也因浪大而放弃，机场也未被及时占领。由于没有战斗机保护，几艘船因此在空袭中被炸毁。直到两天后的11月13日，吉杰勒机场才被盟军

占领。11月12日凌晨,英军"哥曼德"突击队潜入波尼港,盟军伞兵在吉杰勒机场空降,受到当地法军热烈欢迎。

1942年11月13日,英军在贝贾亚的加强旅向前推进。同时,英国第七十八师的其他部队从阿尔及尔走陆路进军。紧随其后的是由第十七"长枪队"到第二十一"长枪队"及其附属部队组成的第六师先头部队"尖刀部队"①,其指挥官是R.A.赫尔上校。为了铺平道路,美军计划在11月15日先由一个英国伞兵营在突尼斯边境内、距离突尼斯城八十英里的苏克阿尔巴空降,再往泰贝萨附近空投一个美国伞兵营,掩护南部侧翼,并占领一个前进机场。美军如期进行了空降,于两天后的11月17日在E.D.拉夫上校指挥下朝东南方向推进八十英里,占领了加夫萨距离通往的黎波里的咽喉要道仅七十英里的加夫萨机场。因天气不佳,英军空降部队延迟一天跳伞。但英军地面部队进展神速,在11月16日便到达苏克阿尔巴。当时,英军的另一纵队正沿着滨海公路进军,到达通向比塞大途中的突尼斯小港口泰拜尔盖。

1942年11月17日,肯尼思·安德森命令第七十八师集结完毕后,"进军突尼斯城,消灭轴心国军队"。英军停下来集结虽然可取,但结合目前轴心国薄弱的兵力来看,这分明是一个不明智的决定。

此时,德军在突尼斯城只有一个1942年11月11日从意大利飞来的、力量不足的伞兵团,该团由一个伞降工兵营和一个步兵营组

---

① 在第十七"长枪队"到第二十一"长枪队"与第六师其他团里,每一中队的两个小队都配备了装有威力强大的六磅炮的新型"十字军Ⅲ"坦克,另两个小队则装备速度较慢但装甲更厚、性能更可靠的"瓦伦丁"坦克。——原注

第8章 为争夺突尼斯城而展开的激战

成。11月16日,在阿拉姆哈勒法战役中重伤刚愈的德国前非洲军司令瓦尔特·内林将军只带了一个参谋就来指挥被称为"第九十军"的约三千人的核心部队。截至11月底,德军只有一个师的兵力。

德军不等集结完毕就迅速朝西进攻,用大胆猛进的方式掩饰实力的空虚。在突尼斯的法军人数虽多,但都想着在盟军增援到来前避免与德军过早交战,就纷纷撤退了。1942年11月17日,克诺赫上尉率领一个约三百人的德国伞兵营沿着突尼斯到阿尔及尔的公路推进,法国守军撤退到突尼斯城以西三十五英里、拥有公路枢纽和迈杰尔达河上重要公路桥的迈贾兹巴卜。11月18日晚,法军得到"尖刀部队"一个英军伞兵营和一个美军野炮营的增援。①

1942年11月19日4时,德国使者召见突尼斯法军指挥官巴雷将军,递上了瓦尔特·内林要求法军撤退至突尼斯边境一线的最后通牒。巴雷将军想谈判,但德国人认识到法国人是在拖延时间,因此德军在五小时后便终止了谈判,并在谈判终止十五分钟后开火。11月19日10时45分,德国俯冲轰炸机登场,加强了对法军的恫吓。法军被德军的轰炸吓坏了,以为德军力量十分强大。法军指挥官认为,除了再调援兵,否则肯定坚守不住。然而,肯尼思·安德森指示不允许盟军在为实现进军突尼斯城计划集结完毕之前为法军提供援助。

克诺赫上尉在黄昏后派出几个小分队泅渡迈杰尔达河,假装兵力一阵比一阵多地佯攻,起到了很好的恫吓效果。盟军未及破

---

① 此时,第十七"长枪队"和第二十一"长枪队"及其坦克尚未到来。1942年11月18日,先头中队抵达苏克阿尔巴,但未被派上前线。——原注

坏大桥就匆匆撤退。1942年11月19日午夜前，当地英军指挥官召唤法军指挥官至指挥部，坚持要把法军撤退到八英里外一个更安全的高地。法军撤退了，德军占领了迈贾兹巴卜。这是德军利用小规模特遣队（不到总兵力十分之一），使用疑兵战术，猛打猛冲取得巨大战果的惊人事例。

在战场更北部，由鲁道夫·维齐希率领的伞降工兵营和几辆坦克从比塞大沿着滨海公路往西推进，在艾卜耶德山遇上了第三十六步兵加强旅的先头部队第六皇家西肯特营。虽然德军击溃了一部分英军先头部队，但第六皇家西肯特营还是坚持到了第三十六步兵加强旅的其他部队赶来增援。

同时，德军派往南方的几支小部队已经占领苏塞、斯法克斯和加贝斯这几个通往的黎波里道路上的重镇。约五十名德国伞兵从天而降，吓得法军撤出了自己设在加贝斯的防线。1942年11月20日，德国伞兵得到两个从的黎波里开来的意大利营的增援，正好赶上击退美军E. D. 拉夫上校指挥的伞兵对加贝斯发动的进攻。11月22日，一支德军小型装甲纵队赶到，将斯贝特拉中心十字路口的法军赶走。德军装甲兵在返回突尼斯城前留下了一支意大利特遣队防守，但意大利特遣队立刻被E.D.拉夫上校手下伞兵营的另一个特遣队赶走。

不过，瓦尔特·内林手下的"骨干"部队不但守住了突尼斯城及比塞大两地的桥头堡，还把两条防线扩大为囊括突尼斯北部大部分地区的大桥头堡。

肯尼思·安德森部署的旨在夺取突尼斯城的进攻直到1942年11月25日才开始。德军薄弱的兵力在盟军未发动进攻的空当

第8章 为争夺突尼斯城而展开的激战

期间增加两倍。德军近战兵力只有两个各有两个伞兵营的小型伞兵团、一个伞降工兵营、三个编入义务兵的步兵营和第一九零装甲营（两个连，配备坦克三十辆）。德军装备的坦克包括若干装备七十五毫米长管炮的新式Ⅳ号坦克，它们是德军手中的"法宝"。这样一来，肯尼思·安德森长期停留在突尼斯边境附近集结着兵力，使轴心国和同盟国之间原本悬殊的兵力差距现在大大缩小了。

1942年11月21日，肯尼思·安德森开始对自己兵力是否足以完成任务表示怀疑。因此，遵照艾森豪威尔的军令，美军匆匆赶来增援，其中包括从七百英里外的奥兰赶来的、第一装甲师的B战斗群。盟军用火车运送坦克，轮式、半履带车辆则经公路赶来。①不过，第一装甲师在作战开始时只有部分兵力抵达战场。

盟军分三路进攻。左路第三十六步兵加强旅在靠近海边的地区推进；中路是规模大得多的"尖刀部队"；右路是第十一步兵加强旅，沿着主要公路推进。美国装甲部队和炮兵为所有进攻部队提供支援。

盟军左翼沿着丘陵起伏的滨海公路发动的进攻推迟了一天才开始。进攻头两天更是一天只谨慎地前进了六英里——而鲁道夫·维齐希的小型伞降工兵营早就撤退了。1942年11月28日，英军推进了十二英里，但在吉夫纳车站附近的山口中遭到鲁道

---

① 在突尼斯战役期间，美军的一个装甲师由两个装甲团（每个装甲团各有一个轻型装甲营和四个中型装甲营）、一个包括三个营的装甲步兵团和三个野炮营共同组成。从编制来看，这样一个美军装甲师共有包括一百五十八辆轻型坦克和二百三十二辆中型坦克在内的坦克三百九十辆。战时，装甲师被分为A战斗群、B战斗群，后来又加了一个战斗群。——原注

夫·维齐希部队的伏击并被重创。11月30日，盟军发动一次较大规模的进攻，但未能突破德军有所加强的防线，后来就放弃了进攻。这又导致英美联合突击队水陆两栖行动的失败。12月1日清晨，英美联合突击队在吉夫纳以北海岸登陆，并封锁了马特尔以东德军后方的公路。但因为不见援军的到来并且补给日益减少，英美联合突击队被迫在12月4日撤退。

担任中路进攻任务的是盟军"尖刀部队"。在美国装备M3"斯图亚特"坦克的第一装甲团第一轻型坦克营加入后，盟军"尖刀部队"已有一百多辆坦克，实力大大增强。

1942年11月25日，在突破一支轴心国特遣队防守的警戒线后，"尖刀部队"前进三十英里到达舒伊吉山口。11月26日早晨，盟军遭到德军一支配备十辆坦克的装甲特遣队阻击。德军装甲特遣队后方还有两个步兵连，从马特尔往南攻击。德军损失了八辆坦克，多数是被美军三十七毫米反坦克炮击毁的。德国坦克依靠以命相搏制造的侧翼威胁迫使英军高级指挥官终止了"尖刀部队"的前进，并改调"尖刀部队"去掩护右路。

双方都在"战争迷雾"中摸索，但在如此紧要关头，盟军的谨小慎微较之德军的大胆猛冲反倒显得愚蠢——特别是因为1942年11月25日"尖刀部队"的一支小部队曾无意中让德军的司令部惊慌失措。

当时，R.A.赫尔上校曾命令美军轻型坦克营指挥官约翰·沃特斯中校侦察位于泰布勒拜和吉德达附近迈杰尔达河上各桥梁。鲁道夫·巴洛少校指挥C连被派去执行任务，碰巧开到吉德达机场边缘。鲁道夫·巴洛少校紧抓机会不放，派十七辆坦克冲进

第8章 为争夺突尼斯城而展开的激战

机场，击毁飞机约二十架。在战报中，击毁飞机的数量被夸大为四十架。美军的纵深突破在德军送给瓦尔特·内林的报告中也被夸大，使瓦尔特·内林非常震惊。瓦尔特·内林随后便将部队撤走，守卫突尼斯城去了。

盟军右翼部队沿主要公路进攻迈贾兹巴卜，从一开始就遭到德军阻击[①]；德军发起数次小规模反击就把盟军击溃了。不过，自1942年11月25日入夜后，因吉德达被盟军袭击，瓦尔特·内林深感恐慌，担心盟军再发动一次新攻击，遂命令守军撤退。盟军纵队前出跟踪德军退兵二十英里，在11月27日凌晨占领了泰布勒拜。11月28日，盟军短暂前进后，突然在距离突尼斯城约十二英里的吉德达遭到一个混编的营级战斗队的阻击。11月29日，盟军再次发动攻击，但又被德军打退了。于是，维维安·伊夫利建议停战，直到增援部队赶上并能得到从更近的机场起飞的战斗机为部队抵御德国俯冲轰炸机为止——德国俯冲轰炸机搞得盟军官兵越来越紧张。

肯尼思·安德森和艾森豪威尔接受了维维安·伊夫利要求增援的建议。盟军在吉德达时，艾森豪威尔正在前线视察，美军军官不时向他抱怨："我们该死的空军去哪里了？为什么我们只能看到德国飞机？"艾森豪威尔在回忆录中写道"前线视察沿途的谈话都是极度夸大"盟军的受损状况，甚至听到悲观的论调——"我军非撤退不可，否则是死路一条"。[②]

---

① 迈贾兹巴卜的守军由一个德国伞兵营和一个意大利反坦克连组成，配备两门八十八毫米炮，还得到第一九零装甲营一个连十七辆坦克的增援。——原注
② 艾森豪威尔：《远征欧洲》，第120页。——原注

同时,在突尼斯城视察的德国陆军元帅阿尔贝特·凯塞林却斥责瓦尔特·内林过于谨慎、只守不攻。阿尔贝特·凯塞林不管敌我兵力相差悬殊,也不理会盟军轰炸机场导致轴心国援军到来受到阻碍的现状,只是一边批评撤出迈贾兹巴卜的决定,一边命令瓦尔特·内林收复失地——最起码要收复泰布勒拜。因此,1942年12月1日,德军投入三个装甲连[①]——约四十辆坦克,包括一个有三门炮的炮兵单位和两个反坦克单位在内的一些增援部队——发动反攻。这并非针对攻击吉德达的部队,而是从北面攻打侧翼的乔伊吉山口,意图绕道泰布勒拜,从泰布勒拜附近盟军的后方发起进攻。德军集中成两个纵队,盟军先担任侧翼掩护任务并四下散开的"尖刀部队"——部分"尖刀部队"——就这样被德军消灭。12月1日下午,德军向泰布勒拜推进,但在即将到达目的地并横跨主要公路时被盟军炮火和飞机轰炸挡住。

德军持续施压,极大地威胁了盟军的运输大动脉。因此,盟军在吉德达的先头突击部队只能先撤退到更靠近泰布勒拜的阵地。1942年12月3日,德军施加的压力几乎让盟军"窒息",瓦尔特·内林只留少量人马守卫突尼斯城,将能调动的所有人马都集中起来,将施加的压力集中在一点上。12月3日晚上,盟军先头突击部队被迫撤出泰布勒拜,沿着河边一条泥泞小道勉强逃出,丢弃了很多装备和载具。德军通过反击战俘虏千余人,缴获的战利品中还包括五十多辆坦克。值得一提的是,德军新得到的增援中

---

① 德国第十装甲师的先头部队由一个新编装甲营的两个连,配备三十二辆Ⅲ号坦克和两辆新式Ⅳ号坦克组成。此时,该先头部队刚刚抵达突尼斯,立刻就被要求和之前开到的装甲营的一个连一起加入反击战。——原注

第8章 为争夺突尼斯城而展开的激战

包括五辆五十六吨重、配备一门八十八毫米长管炮的"虎"式坦克。"虎"式坦克当时还是强悍如怪物般的"秘密武器",但希特勒决定先派遣几辆到突尼斯搞实战测试。在攻打泰布勒拜的战斗中,德军的吉德达步兵战斗集群就配备了两辆。

接下来的日子,盟军指挥官打算增兵发动新攻势。但瓦尔特·内林提早行动,扩大战果,盟军发动新攻势的希望很快就变小了。他希望用麾下的少量装甲部队从迈兹杰尔达河以南出击,搞大包围,收复迈贾兹巴卜。美国第一装甲师的B战斗群已经摆开阵势,既为重新发动进攻,也为隔开英军,自成一体作战。美军一个前进特遣队驻扎在位于泰布勒拜西南、可以俯瞰更南平原的高地——盖萨山。起初,德军试图搞侧翼包抄,1942年12月6日一早就发兵进攻盟军的这个观察点,并将这里的守军打败。虽然盟军派出了援军,但动身太慢,而到达现场后又被击退,伤亡巨大。

刚到达战场的英国第五军军长查尔斯·奥尔弗里中将面对德军新的进攻及产生的新威胁,命令部队从泰布勒拜附近的阵地退到迈杰尔达河以北靠近迈贾兹巴卜的290高地——英军曾称其为"久留山"。不仅如此,查尔斯·奥尔弗里还建议撤退到迈贾兹巴卜以西一线。尽管肯尼思·安德森同意了这个建议,但还是被最高指挥官艾森豪威尔驳回。不过,英军还是撤出了"久留山"。

1942年12月7日,艾森豪威尔在写给朋友托马斯·特洛伊·汉迪将军的一封信中说:

> 我想,对于我们到目前为止所有的军事行动只有一个描述最恰当,那就是它们都违反所有公认的军事准则,和

军校课本里的一切战法和后勤策略格格不入。在接下来的二十五年,一切如利文沃斯堡陆军指挥与参谋学院之类的军校都会拿我们当反面教材。"

1942年12月10日,德军动用了一支配备三十辆中型坦克和两辆"虎"式坦克的部队重新开始侧翼包抄,但在距离迈贾兹巴卜不到两英里的地方被一个部署得当的法国炮兵单位阻击。德军坦克想开下公路包抄法军炮兵,却一时陷入泥沼,接着后方又被美国第一装甲师B战斗群的一支特遣队威胁,只能撤退。不过,德军后来意外而间接地取得了成功:B战斗群天黑后从已经暴露的阵地开始撤退,部队产生了混乱,又听信了"德军来袭"的谣言,很快就沿迈杰尔达河附近的一条泥泞小道掉头,往相反方向开去。很多坦克和车辆都在路上动弹不得。于是,美军干脆放弃了这些载具。这个灾难让盟军早日恢复对突尼斯城进军的前景再次黯淡下来,并且希望渺茫。B战斗群一时只剩下四十四辆可用坦克,几乎不到满员时的四分之一。德军的两次反击在打乱盟军计划和作战前景方面成效显著。

同时,希特勒指派阿尼姆担任当时被称为第五装甲集团军的轴心国部队的司令。1942年12月9日,阿尼姆正式接替瓦尔特·内林。在更多支援部队到达后,阿尼姆开始着手把两条掩护突尼斯城和比塞大的防线扩大成一个以长达一百英里的一连串防卫哨所连接,从比塞大以西约二十英里的海岸延伸到东海岸的昂菲达维尔的防御体系。这个防御体系由三个防区组成,北区由临时拼凑的一个师防守,用师长的名字命名"冯·布罗希"区;中部——

第8章 为争夺突尼斯城而展开的激战

舒伊吉山口以西到稍微过法赫斯的位置由逐步抵达的第十装甲师防守；南区则由意大利苏佩尔加师防守。盟军情报部门估计，到12月中旬，轴心国共有约两万五千名战斗人员，外加一万名后勤人员和八十辆坦克。其实，这个预估过高了。盟军尚有战斗力的兵员近四万人，其中约两万英军、一万两千名美军及七千名法军。盟军总兵力远多于轴心国，后勤部门更加庞大。

因天气原因，盟军的集结多少有些耽搁，这导致肯尼思·安德森推迟了重新发起进攻的日期。但肯尼思·安德森于1942年12月16日决定，12月24日利用满月发动步兵夜袭。英国第七十八师及第六装甲师协同美国第一步兵师一部，执行进攻任务。为了争取部署部队的空间，盟军两大初期目标中，一是收复"久留山"，二是占领通往泰布勒拜更北部的466高地。因天气恶劣，盟军的进攻打成了混战，进而发展成拉锯战，导致主攻被迫延期。1942年12月25日，德军已经收复了自己最初的所有阵地——"久留山"必将改叫"圣诞山"。

1942年平安夜，艾森豪威尔和肯尼思·安德森早已经无奈地决定，因为一系列进攻中的挫折及战场因倾盆大雨变得泥泞不堪，盟军放弃进攻。盟军输掉了这场奔向突尼斯城的竞赛。

然而，造化弄人。盟军遭遇的失败很大，得到的好处竟然也很大。如果盟军不遭此一败，希特勒和墨索里尼也不会有时间和勇气派大军进入突尼斯，将防线的守备兵力增至二十五万人以上——轴心国军队不得不背对着盟军掌控的大海作战，如果失败，就会沦为瓮中之鳖。1943年5月，轴心国终于吃了败仗，在南欧几乎不剩一兵一卒，这让盟军于同年登陆西西里岛易如反掌。

盟军如果不是在1942年12月失败,让轴心国缴获了大批战利品,后来重返欧洲的尝试就大有可能以失败告终。丘吉尔喜欢称盟军重返欧洲的落脚点为"柔软的下腹"。那里多山,对进攻部队来说其实是很难攻下的作战地带。只有在没有军队防守时,才真正是"柔软的下腹"。

第 9 章 荡平非洲

The Clearance of Africa

第9章 荡平非洲

1942年12月，盟军没能成功占领突尼斯城。这直接导致英军放弃了原定以第八集团军追击隆美尔部队，并令新编第一集团军从突尼斯向东推进与第八集团军会师，将隆美尔的部队合围的计划。如今，英国第八集团军和新编第一集团军只能分别对付身在的黎波里塔尼亚的隆美尔的部队和位于突尼斯的阿尼姆的部队。随着隆美尔将部队不断后撤并向阿尼姆靠拢，德军即将在战场上处于中心位置，并因此获得战略优势——无论英军从哪个方向发起进攻，德军都能合力挡住。

1942年圣诞节，进攻突尼斯城时，艾森豪威尔的部队受阻。眼看当地道路泥泞的状况将一直持续到雨季结束，艾森豪威尔便打算执行"萨廷行动"：往更南部地区进攻，杀到斯法克斯附近的海岸地区，切断隆美尔的补给线及退路。艾森豪威尔计划主要使用美军。美军将在泰贝萨一带集结，组成由劳埃德·弗雷登道尔指挥的美国第二军。但1943年1月中旬，在卡萨布兰卡会议（会议的目的是确定今后作战的目标）上，艾森豪威尔将组建美国第二军执行"萨廷行动"的想法报告给与丘吉尔及罗斯福一同赴会的英美联合参谋部的参谋长时，却被这些参谋长否决，特别是艾

伦·布鲁克将军在讨论时认为"将新组建的部队派遣至隆美尔麾下久经战阵的老兵可能即将到来的地区是有风险的"。最后，艾森豪威尔做出让步，取消了"萨廷行动"。

"萨廷行动"的取消给了蒙哥马利采取下一步行动的主动权。1942年12月中旬，蒙哥马利的部队停留在诺菲利亚附近。英军正积蓄力量，准备攻打位于诺菲利亚以西一百四十英里的布埃拉特阵地。隆美尔在埃及大撤退的早期阶段曾将残部撤退到布埃拉特。

1943年1月中旬，蒙哥马利发动新一轮攻势。一切还是按照之前的老路子进行——发动进攻，钳制敌人的防线；同时穿过内陆沙漠，迂回包抄敌人，切断敌人的退路。只是这次蒙哥马利没有对德军发动试探性进攻，以免暴露意图后"吓得轴心国军队从目前身处的前线地带退出"。

此外，蒙哥马利只动用了一支装甲车部队监视敌军阵地，他的主力部队则远远地待在后面，一直等到进攻前一天才开始长途行军。1943年1月15日晨，英军投入战斗。在装甲部队的支持下，英国第五十一师经沿海公路进攻，英国第七装甲师和新西兰师按计划执行包抄任务。但隆美尔再次逃出了盟军在布埃拉特设下的陷阱。英军一路几乎没有遭遇任何抵抗，虽然在布埃拉特以西有些动静，也不过是和隆美尔的后卫部队交火罢了。在自己的《公文集》中，哈罗德·亚历山大略带微词地抱怨了隆美尔能轻易从盟军的进攻中逃走的原因："新西兰师和第七装甲师对敌军反坦克防线南端过分小心了。"

隆美尔的"主战场"其实不在非洲，而在和自己人——最高

第9章 荡平非洲

统帅部的较量上。躲在安全、远离战场的罗马，墨索里尼此刻又有了不切实际的想法。1942年圣诞节到来的一个星期前，墨索里尼曾下过要在布埃拉特阵地"抵抗到底"的命令。收到"抵抗到底"的命令后，隆美尔立刻电询乌戈·卡瓦莱罗："一旦英军无视这个容易被绕过的阵地并直接往西推进，那时该怎么办？"乌戈·卡瓦莱罗没有正面回答，只强调意大利军队不应再像之前在阿拉曼那样被抛弃在英军的重重包围里。

隆美尔向埃托雷·巴斯蒂科指出：墨索里尼下的命令和乌戈·卡瓦莱罗的指示明显相互矛盾。但埃托雷·巴斯蒂科不过是绝大部分听从指挥的傀儡中的一个，尽量避免做决定，以免背负违背主子——墨索里尼愿望的罪名。不过，埃托雷·巴斯蒂科架不住隆美尔再三坚持，只得同意下令意大利非机动部队撤退到一百三十英里外、距离的黎波里较近的"泰尔胡奈—胡姆斯"防线。1943年1月第二周，乌戈·卡瓦莱罗要求往加贝斯小道派遣一个德国师，以防美军可能在这里发动的进攻。其实，美军的进攻计划此时尚不成熟——我们在前面已经谈过。隆美尔本来就计划这么干，自然不会不答应，于是果断把第二十一装甲师派去加贝斯小道。通过无线电窃听侦知英军要在1943年1月15日发动进攻后，隆美尔立刻就撤出了布埃拉特阵地——此时，他手下只剩下第十五装甲师的三十六辆坦克和"半人马座"装甲师的五十七辆意大利老式坦克迎击蒙哥马利四百五十辆坦克的进攻，当然无意去找兵力方面占压倒性优势的英军送死。

1943年1月17日，隆美尔将摩托化部队退入"泰尔胡奈—胡姆斯"防线，同时立刻命令意大利步兵部队退回的黎波里——他已

经利用四处敷设的地雷及反坦克防线阻挡了英军两天,打得英军损失约五十辆坦克,令英军在前进时必须"步步小心"。"泰尔胡奈—胡姆斯"防线比布拉埃特阵地更容易防守,但1月19日,蒙哥马利的内陆迂回部队就杀气腾腾地赶到战场,这又让隆美尔觉得久守无望,甚至会危及撤退道路。于是,德军连夜撤退,的黎波里的港口设施随之被炸毁了。

凌晨,乌戈·卡瓦莱罗向隆美尔传达了"墨索里尼对于撤退一事非常不满"的消息及"至少要坚守三个星期"的坚决要求。1943年1月18日下午,乌戈·卡瓦莱罗亲临战场以示强调。隆美尔针锋相对地指出:目前增援迟迟不到,能守住多久实际上取决于英军行动规模的大小。最后,隆美尔把难题留给了乌戈·卡瓦莱罗。1942年11月,埃托雷·巴斯蒂科叫隆美尔死守卜雷加港时,隆美尔也是这样为自己解围的。隆美尔对乌戈·卡瓦莱罗说:"要么在的黎波里多撑几天,然后全军覆没,要么提前几天丢掉的黎波里,为防守突尼斯城保留实力。你自己看着办。"乌戈·卡瓦莱罗没有给出直接的答复,只是告诉隆美尔"在尽可能坚持防守的黎波里的同时保住部队"。隆美尔当时就把非摩托化的意大利部队撤出了的黎波里,还带走了大半带得走的补给。1943年1月22日晚上,隆美尔把剩下的部队撤出"泰尔胡奈—胡姆斯"防线,先去位于的黎波里以西一百英里的突尼斯边境,然后又进入八十英里外的马雷斯防线。

英军在布拉埃特阵地以外地区发起的追击正如蒙哥马利自己所说,是"胶着"的。这指的不仅是德军沿途埋设的地雷及对道路的破坏造成的麻烦,还有在对付德军后卫部队的防线时采取的

第9章 荡平非洲

极端谨慎态度的缘故。蒙哥马利在自己的回忆录中强调沿海公路上的推进"普遍不主动、缺乏生气"。为了佐证这个结论,蒙哥马利特意引述了自己在1943年1月20日写的日记:"我把第五十一高地步兵师的指挥官请到指挥部,'特别关照'了他几句,起了速效。"其实,这时隆美尔早已撤退至"泰尔胡奈—胡姆斯"防线。第五十一高地步兵师的坦克和车上的搭载步兵披着月光终于赶到战场时,德军早就撤退了。1月23日拂晓,采用密集编队的英军先头部队兵不血刃地冲进了的黎波里。

成功"占领的黎波里"标志着英军自1941年以来连续发动的攻势总算达到了目的,也标志着从阿拉曼开始对隆美尔长达一千四百英里的追击终于完成——前后共历时三个月。蒙哥马利和他的部队取得了令人欣喜的战果。对蒙哥马利本人而言,更有一种如释重负的感觉,因为他曾写下这样的字句:"自从担任了第八集团军的指挥官,我头一次懂得了'忧心忡忡'是什么滋味。"时光回到1943年1月的第一个星期,当时大风吹毁了班加西港,每天运进来的补给从原先的三千吨骤减至不满千吨。蒙哥马利被迫退而求其次,拉长原有的补给线,改用距离的黎波里约八百英里的图卜鲁格港。为能再投送一点辎重,蒙哥马利甚至"关"了第十军的"禁闭",动用了原本属于第十军的运输机。但蒙哥马利还有一丝担心:如果英军不能在新一轮进攻开始后十天内到达的黎波里,那么,整场攻势就不得不暂停。

幸亏敌人只知道蒙哥马利手握占有压倒性数量优势——和德国唯一可用的第十五装甲师坦克数量比是十四比一——的坦克部队,却不知道蒙哥马利的部队此时正补给短缺。如果当时第

二十一装甲师没有被调去防备美军对加贝斯咽喉地带的突击，隆美尔就会有更大概率守住"泰尔胡奈—胡姆斯"防线。尽管1943年1月13日美军取消突击计划，但当时第二十一师已经出发两天。而根据蒙哥马利的说法，要是隆美尔守住了防线，蒙哥马利可能将不得不中止进攻，并率部撤退至布埃拉特，因为他只剩两天时间向的黎波里进军了。

蒙哥马利命令部队在的黎波里驻扎几个星期，清理、重建因被德军破坏而阻塞的港口。1943年2月3日，第一艘船终于重新进入港口。2月9日，第一支护航队到达。现在，英军只派轻装部队追踪撤退中的隆美尔的部队。2月16日，蒙哥马利的部队跨过了突尼斯边境。不久前，隆美尔的后卫部队已经在2月15日晚上进入了原本是法国人为了防备意大利从的黎波里入侵突尼斯修建的马雷斯防线的最前方地带。马雷斯防线由一连串地堡构成，这些工事已经老旧过时了。隆美尔认为，靠各个地堡之间新挖掘的战壕防守会更好。视察过马雷斯防线后，隆美尔力争，要在位于防线四十英里之后、加贝斯以西十五英里的阿卡里特河河床建立掩护通往突尼斯城道路的防线才比较好，因为这么做的话，德军防线内侧就是英军无法采取包围行动的杰里德盐沼地区。然而，远在大后方的独裁者仍在满怀希望地修建着"空中楼阁"，根本听不进隆美尔的建议。不幸的是，隆美尔自己手上的给养已所剩无几了。

墨索里尼用召回埃托雷·巴斯蒂科并将乌戈·卡瓦莱罗撤职（接替他的是维托里奥·安布罗西奥将军）的行动表达自己对于的黎波里失守的愤怒。1943年1月26日，隆美尔收到通知，"鉴于（隆美尔）健康状况欠佳，等德军巩固了马雷斯防线防务后就将

第9章 荡平非洲

被解除司令职务,改由乔瓦尼·梅塞将军担任,手下的部队也将改叫意大利第一集团军"。不过,隆美尔可以自己决定移交职务和离职的日期——他利用这一点坑了盟军一把。

隆美尔本身一直有病,三个月的紧张工作对他的身体没有好处。不过,1943年2月,隆美尔的状态还是很好的。

眼见美军正穿过突尼斯南部并逼近自己的退路,隆美尔并未感到慌张。他认为,这是在蒙哥马利追上自己前再次主动出击的好机会。马雷斯防线的工事虽然质量很差,但起码能抵挡住坦克攻击,拖延蒙哥马利一段时日。隆美尔的部队也渐渐恢复了元气。隆美尔率兵西退时,德军离自己的补给港口距离相应缩短,得到的补充已经超过了长途撤退时造成的损失——仅德军官兵数量一项就与阿拉曼战役开始时持平了。到达突尼斯时,隆美尔共有德军近三万人[①]、意大利军约四万八千人——虽然这包括已返回加贝斯—斯法克斯一线的第二十一装甲师和正前往防守面向加夫萨美军阵地的盖塔尔小道的"半人马座"装甲师。但武器装备状况就没那么好了——只有三分之一的部队配备了坦克,四分之一的部队配备了反坦克炮,配备重炮的部队只占到六分之一。更糟的是,德军一百三十辆坦克中有战斗力的还不到一半。眼下的情况总体而言还是比较好的——但只要蒙哥马利有时间充分利用的黎波里的港口,并将优势兵力调集到突尼斯边境,隆美尔的日子就不好过了。隆美尔就是急于钻蒙哥马利有能力调兵到突尼斯之前这段时间的空子。

---

① 同阿拉曼战役开始时一样,德军配备了占编制比例一半的兵力。——原注

因此，隆美尔打算利用战略家口中的"内线"理论，学拿破仑·波拿巴，搞一次"双重出击"——利用自己处在两股密集敌军之间的中心位置，在另一股敌军增援赶到前袭击其中一股敌军。隆美尔如果能先将身后停滞不前的美军击溃，就可以集中全力解决由蒙哥马利指挥、目前因补给线拉得太长而散开的第八集团军。

隆美尔的计划很完美，但执行时遭遇的最大困难就是全程多半要依赖不归他指挥的部队。眼下，隆美尔最多只能从马雷斯防线的守军中抽调一部分组成一个规模不到半个师的"大战斗群"，由库尔特·冯·利本施泰因上校担任指挥官。隆美尔手下威名显赫、忠心耿耿的第二十一装甲师早已经撤回突尼斯，虽然位置正好在隆美尔希望的出击地点，但指挥权在阿尼姆手里。因此，本次反击战的主攻目标和部队调度权从一开始就归阿尼姆，隆美尔只是尽力配合罢了。

反击的目标被设定为美国第二军（含一个法国师）。美国第二军的防线长达九十英里，实际上主力集中在通往海边的三条穿山公路上。美军先头部队分别驻守加夫萨、法伊德和丰杜格附近的山口地带，防线与路易斯·科尔策的法国第十九军相连。通道十分狭窄，守军十分放心。因此，守军便将注意力都集中在阻击轴心国军队在丰杜格以北防区发动的一系列试探性进攻上了。

1943年1月底，作战经验丰富的第二十一装甲师突然猛攻法伊德山口，并在美国救兵赶到前一举打垮了装备很差的法军，为之后更大规模的进攻开了口子。这次突袭令盟军高级指挥官猜想德军肯定要在什么地方发动大举进攻，但猜不出具体的位置。盟军指挥官认为对法伊德山口发起的攻击是牵制性的，进而推断德军将在

第9章 荡平非洲

丰杜格附近发起进攻。正如奥马尔·布雷德利将军在回忆录中写下的"终于,这种想法变成了在所难免的臆测"。当时,无论是艾森豪威尔的司令部里,还是掌管英国第一集团军的肯尼思·安德森的司令部里,都充斥着"德军将在丰杜格附近进攻"的想法。肯尼思·安德森将在哈罗德·亚历山大到任前[①]奉命负责盟军整个突尼斯前线的军务。为了守住预料中的德军进攻战线,肯尼思·安德森奉命将B战斗群及半数的美军装甲部队作为预备队留在了丰杜格。盟军的这个错误估计,为德军的进攻打开了方便之门。

1943年2月初,轴心国在突尼斯的兵力已经增加到由七万四千名德军和两万六千名意大利军队组成的十万之众,比1941年12月时的轴心国军队实力强多了,甚至可能接近盟军集结完成时的规模。在突尼斯的轴心国军队中,约百分之三十是文职人员,可用的装甲力量几乎都由德国提供。突尼斯的轴心国军队共有二百八十多辆坦克——其中第十装甲师配备一百一十辆坦克,第二十一装甲师配备九十一辆坦克,都只占编制满额的半数。此外,另有一个特殊单位配备了十二辆"虎"式坦克。隆美尔还把库尔特·冯·利本施泰因战斗群麾下的一个配备二十六辆坦克的营调去增援"半人马座"师在加夫萨公路上苟延残喘的二十三辆意大利坦克。德军坦克总数跟盟军相比有很大差距,即便全部出动,也无法在发动进攻的突尼斯南部战线上取得数量优势。当时防守突尼斯南部的美国第一装甲师尽管没有满编,但仍有约三百

[①] 在卡萨布兰卡会议上,哈罗德·亚历山大被指定听命于艾森豪威尔,并担任在他到达突尼斯后由第一集团军和第八集团军合成的新编第十八集团军指挥官。——原注

辆可用坦克(其中九十辆是"斯图亚特"轻型坦克)、三十六辆坦克歼击车,以及比一个装甲师强大得多的炮兵火力。[①]令隆美尔失望的是,阿尼姆正打算像自己一样用第十装甲师往北再发动一次突击,只给第二十一装甲师派遣了第十装甲师的部分兵力——一个中型坦克营和一个配备四辆"虎"式坦克的坦克连——作为增援,并且仅在战斗发起阶段作为支援火力使用。

1943年2月14日,德国第二十一装甲师连同第十装甲师派来的增援部队从法伊德再次攻过来——真正的进攻开始了。德军由阿尼姆的副手海因茨·齐格勒将军指挥。一方面,德国第十装甲师的两个小型战斗群从法伊德山口快速前进,像铁钳一般紧紧咬住担任美国第一装甲师先头部队的A战斗群;另一方面,德国第二十一装甲师还有两个战斗群(每个战斗群都以一个坦克营为核心),趁夜向南发起更远距离的迂回作战,从侧翼将美军部队包围。尽管在西迪布济德一带,部分美军在德军收紧包围圈前设法逃脱了,但依旧损失了大量装备,光坦克就丢了四十辆,战场上

---

① 档案中找到的数字显示:如果仅以盟军和轴心国军队各自投入的"师"(兵力单位)对比双方实力(许多盟军指挥官及官方史学家在著作中就是这么干的),将出现重大偏差。当时,美军一个装甲师(三百九十辆坦克)比德军一个装甲师(一百九十辆坦克)大了一倍以上。因德军较难获得坦克补充,双方实力的实际差距比例会更大。可以看出,即使美国第一装甲师在战斗中有一定损失,兵力仍是德军的三倍左右。英国装甲师的编制刚缩减至大约二百七十辆坦克(特殊用途的坦克除外)。除个别单位,1943年底,美军装甲师都以类似的规模进行改编。但到了1944年,英军因坦克不足,只能用装甲车代替坦克配给侦察部队(一个装甲师的规模因此增加到了三百一十辆坦克及装甲车);而盟军装甲师的实际战斗力(在可用坦克的数量方面)通常是德军装甲师的一至两倍。德军如要维持战斗力平衡,就必须在质量上占优。——原注

第9章 荡平非洲

到处是燃烧的美军坦克残骸。2月15日清晨,美军匆忙派遣C战斗群反击,但C战斗群落入陷阱,被德军包围,只有四辆坦克逃脱。在零星的反击战中,美军先后被总兵力相对匮乏但总能集中局部优势的德军消灭了两个营的精锐坦克部队。幸运的是,德军追击的步伐很缓慢。

早在1943年2月14日,隆美尔就曾经力促海因茨·齐格勒趁夜向前推进,将开局阶段取得的胜利果实用到极致:"美军没有实战经验,我们应该从一开始就让其感到自卑。"海因茨·齐格勒却觉得理应等阿尼姆批准后继续进军。2月17日,海因茨·齐格勒终于指挥部队往美军集结地斯贝特拉前进了二十五英里。因为美军已经匆忙将B战斗群(指挥官是保罗·罗比内特准将)南调,德军遭遇了顽强抵抗。B战斗群将德军一直阻挡到黄昏时分、掩护A战斗群与C战斗群撤退后自己才开始撤退——这是肯尼思·安德森下达的、盟军南翼向西多萨尔岭防线大幅撤退的一部分。虽然德军进入斯贝特拉的时间被推迟了,但取得了更大的战果——德军虏获了一百多辆坦克和近三千名战俘。

隆美尔调来的战斗群这时正在和加夫萨盟军防线南端的守军作战,并于1943年2月15日盟军撤退时进入了道路的中心位置。隆美尔指挥部队转向西北,加速行军。2月17日,德军穿过富里亚奈,往前推进五十英里,占领了盟军在泰莱普特控制的机场。隆美尔的部队现在位于第二十一装甲师西面三十五英里,不仅和盟军并驾齐驱,还更接近盟军补给线。哈罗德·亚历山大就是在那两天到达前线的。2月19日,哈罗德·亚历山大接管了当地的盟军部队。哈罗德·亚历山大在自己的《公文集》中这样描述当时的

情形:"英军、美军和法军在撤退时搅在一起,难以分开,十分混乱。当时,我们没有协调一致的防御计划,连统一的指挥官都没有。"听说盟军烧毁了距离另一座山岭四十英里的泰贝萨的补给仓库,隆美尔认为这是盟军变得"紧张不安"的标志。

虽然盟军指挥官认为战役转折点三天后才会出现,但真正的战役转折点现在就已经到来了。隆美尔想在盟军惊慌混乱之际抓住机会发动一次联合攻势,调动一切可用的机械化部队穿越泰贝萨。隆美尔认为,对盟军的主要运输线发动如此深入的冲击"一定会造成让盟军指挥官最担心的结果——他们将不得不把大部分英军、美军都撤回阿尔及利亚。"

然而,隆美尔发现阿尼姆不愿意冒险,已经把第十装甲师的部队都撤走了。所以隆美尔带着指望墨索里尼"靠胜利赢得国内的政治地位"的心态,把自己的建议上报给意大利最高统帅部。此时,隆美尔的参谋长弗里茨·拜尔莱因也成功说服德国在突尼斯的空军指挥官为德军的地面行动提供支援。

时间一下子就来到了1943年2月18日子夜。罗马方面终于传来消息——不但批准了隆美尔的建议,还拨给隆美尔两个装甲师,并任命他为指挥官。但消息中指出,隆美尔应该朝北进攻卡夫和塔莱,而不应该穿越西北的泰贝萨。隆美尔认为意大利最高统帅部做出这一改变"难以置信,鼠目寸光"——因为这意味着他的联合进攻将"过分靠近对手的防线,势必与对手强大的预备队一战"。

这样一来,德军就必须向哈罗德·亚历山大预测的地方发起进攻(哈罗德·亚历山大曾命令肯尼思·安德森集中装甲部队包围塔莱)。哈罗德·亚历山大没能成功推断出隆美尔的想法,他

第9章 荡平非洲

只是认为隆美尔宁愿在塔莱赢得一次战术胜利,也不愿意去攻打作为战略目标但效益不那么直接的泰贝萨。幸亏意大利最高统帅部"作梗",哈罗德·亚历山大的错误臆测竟然随着形势的发展变得对盟军有利起来。因为当时匆匆南调的英美盟军增援部队大部分都被派往塔莱及塔莱东部的斯贝巴地区,泰贝萨守备空虚,只有美国第一装甲师的残部在防守。如果隆美尔被赋予完全的自主权,盟军肯定会被打得落花流水。

英军增援部队的主力是第六装甲师。其装甲部队——第二十六装甲加强旅被部署在塔莱,得到美国第九步兵师的步兵和炮兵支援。第六装甲师的步兵部队是卡车机动的第一禁卫旅,驻扎在斯贝特拉北部的斯贝巴山口,协同美国第一步兵师、第三十四步兵师的三个团级战斗队一起担任防守任务。

1943年2月19日凌晨,获得意大利最高统帅部批准后不久,隆美尔就发动了攻势。但隆美尔获胜的机会不大:首先,在之前一系列的延迟中,德军浪费了时间;其次,阿尼姆已经把第十装甲师调到了北方,虽然后来召回了,但来不及参加第一阶段的进攻。隆美尔只能因陋就简,令非洲军的战斗集群调头穿过塔莱再攻卡夫,同时令第二十一装甲师穿过斯贝巴,顺着四通八达的公路交通线到达卡夫——如此一来,德军两路进攻的兵力还能互相照应。

德军若要攻打塔莱,需穿过位于斯贝特拉和富里亚奈之间的卡塞林山口。卡塞林山口的守军是由斯塔克上校担任指挥官的美军混成部队。德军最初想以突袭的方式强行穿过,但被美军击退。1943年2月19日下午,盟军援兵赶到,斯塔克的兵力远远超过

德国非洲军进攻部队（德军仅有一个小型坦克营和两个小型步兵营）。但盟军守军配合不佳，德军在傍晚时分已多点突入，夜晚已深入英军防区。德国第二十一装甲师向斯贝巴推进，但被雷区和多达十一个营的守军兵力（德军只有两个营，盟军在火炮和坦克两项指标上也占优势）挡住。晚上，隆美尔决定将姗姗来迟的第十装甲师也用上，集中兵力强行突破防守看上去不那么牢固的卡塞林山口。然而，因为兵力劣势，德军获胜的希望变得更加渺茫——阿尼姆将包括隆美尔当作王牌的"虎"式坦克营在内的几乎半个师的部队都扣了下来，只给他派去了一个坦克营、两个步兵营和一个摩托车营。

隆美尔为这一延误感到"极度愤怒"。1943年2月20日下午，第十装甲师的其他部队终于赶到，隆美尔终于凑足了攻打卡塞林山口的兵力。德军在早晨发动的进攻被守军火力压制住了，但2月20日16时30分，隆美尔亲临战场，将五个营的全部步兵，包括一支叫第五贝尔萨利埃里营的意大利部队同时投入突击，很快便击溃了盟军的守卫力量。当时，隆美尔的进攻部队竟然遭到一支由A.C.戈尔中校率领、规模极小——当初派来增援的防守部队，由一个装甲中队、一个步兵连和一个野炮连组成——的英军特遣队的顽强抵抗。以公正记录风格闻名的美国官方历史不仅强调了英军特遣队抵抗之顽强，还记录下防线其他地方的脆弱与之形成的鲜明对比："敌人对能缴获如此数量和质量的美军装备感

第9章 荡平非洲

到惊奇。"[①]

占领卡塞林山口后,隆美尔分别向通向塔莱的公路及通向泰贝萨的岔路派出侦察特遣队。这么做有几个目的。第一,让盟军在调动预备队时陷入进退两难的境地。当然,因为隆美尔取得进展的消息已经传开,实际上已经做到了。第二,寻求按原计划占领盟军设在泰贝萨的巨大补给站的可能性。

1943年2月20日上午,劳埃德·弗雷登道尔命令保罗·罗比内特的B战斗群从战线最右侧转移到塔莱,然后又把B战斗群调去把守从卡塞林到泰贝萨的岔路。这时,英国第二十六装甲加强旅——旅长是查尔斯·邓菲,下辖两个装甲团及两个步兵营——正从塔莱往南推进。在距离卡塞林山口约十英里处,第二十六装甲加强旅设置了一个阵地,等待B战斗群前来支援——很幸运,轴心国进攻兵力比盟军想象的要少很多。

1943年2月21日早晨,隆美尔本来为了防备盟军反击,正在固守卡塞林山口阵地。德军的停顿让盟军感到意外——盟军并不知道此时德军的兵力比自己集结的要少得多。隆美尔发现盟军不动,就调动自己能指挥的第十装甲师部分兵力——由三十辆坦克、二十门自行火炮和两个摩托化的装甲掷弹兵营组成——冲上了通往塔莱的公路。查尔斯·邓菲的加强旅被德军打得在连绵的山岭上节节败退,直到最后陷入侧翼被围的险境。第二十六装甲加强旅在黄昏退入早已准备就绪的塔莱阵地时,德军用一支坦克

[①] 乔治·F.豪:《第二次世界大战西北非战场的美军:在西方争取主动权》,第456页。——原注

部队——德军用一辆缴获自英军的"瓦伦丁"坦克打头阵,使英军误认为是自己的部队——穷追猛打,冲进了英军阵地,消灭了一部分步兵,击毁了很多车辆,并四处制造混乱。德军虽然在三小时的近身血战后被压制,但还是抓走了七百名盟军战俘。在自卡塞林公路开始的一系列战斗中,德军损失了十二辆坦克,但击毁了四十辆盟军坦克。盟军的损失还包括一个坦克中队。这个坦克中队在第二天拂晓盟军发动反攻时,因迷失方向,闯进德军坦克部队中央,被围歼。

隆美尔决定原地严阵以待,等挡住意料中一次更大规模的盟军反击后再乘胜追击。然而,他收到空中侦查报告:大批盟军增援部队已经赶来,更多增援部队还在路上。看来,德军若想继续沿着塔莱道路往前进攻的希望已经十分渺茫了,而轴心国军队的左侧,局势正变得越来越危险。1943年2月21日下午,为了占领几处可以为进攻塔莱提供侧翼掩护的山口,非洲军战斗集群冲上了泰贝萨岔路,但被美军设在高地上的火炮阵地发射的密集炮火阻挡。2月22日早晨,德军恢复进攻,成果很小,却付出了难以承受的代价。当时,德国非洲军的人数远不及美军在泰贝萨岔路地带集结的B战斗群和第一步兵师的部分部队加在一起多。

1943年2月22日下午,隆美尔和坐飞机前来探望自己的阿尔贝特·凯塞林共同得出结论:继续往西反攻不会有什么好处,应该将西进突击部队调回,用来向东反击英国第八集团军。2月22日晚上,轴心国军队奉命撤退,首先撤退到卡塞林山口。

与此同时,从1943年2月23日凌晨开始,特里·艾伦正在组织对轴心国军队侧翼发起一次反攻。但他的部队和保罗·罗比内特

第9章 荡平非洲

的部队联系困难,反攻的时间被耽搁到了黄昏。盟军的反攻迫使德国非洲军撤退至卡塞林山口,意大利军队更是方寸大乱。美军日益熟练的战术技巧、弹无虚发的炮火攻击和充足供应的武器装备给隆美尔留下了深刻印象:如果轴心国军队要展开一次规模更大、范围更广的反攻,实力较弱的德军将陷入很危险的境地。

然而,盟军高层对隆美尔的弱点和当前形势的变化并不了解。根据美国官方历史记录,劳埃德·弗雷登道尔指挥"对撤退中的敌人发起的地面攻势竟然在敌人已经不堪一击时变得特别犹豫"。英军方面,肯尼思·安德森还在用防御角度的思维看问题。然而,那天晚上,因担心隆美尔在塔莱有所突破,进而威胁自己的后方,驻扎在斯贝巴的盟军大部队竟向北撤退了约十英里。出于同样的担心,盟军考虑后向泰贝萨的另一个侧翼防线撤退。即便1943年2月23日盟军已经发现了轴心国军队正从塔莱撤退,也没有立刻采取任何措施加以堵截——只在深夜下达了对轴心国军队发动大反攻的命令。命令下达后,直到2月25日才得到执行。这时,轴心国军队早已通过卡塞林的瓶颈地带安全撤退,盟军所谓"歼敌"和"收复"实际上成了行军,遇到的障碍仅是轴心国军队留给自己的被毁坏的道路和埋设的地雷罢了。

在根据双方力量对比及发现盟军抵抗越发顽强的迹象后,轴心国军队做出了"应该撤退"的正确判断。轴心国军队继续往前进攻是很愚蠢的:因为这就意味着要和盟军的强大优势兵力对抗。轴心国军队进攻取得的物质战果大大超过损失——俘虏盟军官兵四千多人,击伤、击毁盟军坦克近两百辆;自己仅付出一千多人伤亡的代价,坦克的损失比例则更小。作为一次"目标有

限"的进攻，轴心国军队可以说是战果辉煌。但这次进攻没能达成将盟军赶出突尼斯的战略目标，尽管已经十分接近目标了。如果真要把盟军赶出突尼斯，隆美尔必须从一开始就全权负责这场战役的实施（因为他会直接进攻泰贝萨），并投入第十装甲师的所有战斗力。如果轴心国军队迅速占领了美军的主要后勤基地及中心机场，盟军真的就守不住突尼斯的阵地了。

造化弄人。1943年3月23日，罗马发布了"将轴心国在突尼斯的所有部队都交给隆美尔指挥"的命令。任命隆美尔为新组建的"非洲集团军群"指挥官一事，充分显示出希特勒和墨索里尼已经恢复了对隆美尔的高度评价。然而，隆美尔的内心是酸楚的：因为命令传达到部队的那个早晨轴心国军队已经开始撤退，自己已经来不及抓住失去的机会了。阿尼姆已经留下原来准备用于帮助隆美尔更好进攻的预备队，但现在已经来不及打消他往北进攻的念头了。按照预先制定的计划，准备在1943年2月26日用两个装甲营外加六个其他兵种的营发动进攻并占领迈贾兹巴卜只是个小目标。但2月24日拂晓，阿尼姆在派一名参谋把占领迈贾兹巴卜这一小行动汇报给隆美尔后，自己乘飞机去罗马会见了阿尔贝特·凯塞林。稍后，一个野心勃勃的计划就在阿尼姆与阿尔贝特·凯塞林的讨论中出台了：在沿着北部海岸到法赫斯之间长达七十英里的战线上，轴心国军队全面出击，对由第四十六师、第七十八师、Y师及海岸附近的一个法国团级战斗队组成的英国第五军发起进攻。德军将用一个装甲集群发起主攻，攻击位于突尼斯城以西六十英里的公路枢纽巴杰，同时发动短距离钳形攻势，占领迈贾兹巴卜。虽然轴心国军队已经倾巢而出，但增加的兵力

第 9 章 荡平非洲

还是满足不了进攻需要。为了进攻巴杰,德军装甲集群已经增至七十八辆坦克(包括十四辆"虎"式坦克)。虽然七十八辆坦克不多,但为了凑成一个集群,德军竟把准备派往南面第二十一装甲师的十五辆坦克也扣了下来。隆美尔听说了这个新计划后非常震惊,觉得这简直是"痴心妄想"——他这么说可能是在责备意大利最高统帅部,但这实在与意大利最高统帅部无关,因为意大利最高统帅部在听说这个计划后也十分震惊。

阿尼姆的作战命令是在1943年2月25日下达的,德军正式进攻是在2月26日——和原先计划的时间一样。与其说德国人对计划做出如此大规模的修改实在过于仓促,倒不如说这体现出其制订计划的速度之快和弹性之大。即便如此,德军中计划执行最好的当属身处战场最北端、由哈索·冯·曼陀菲尔指挥的师。在发动新的攻势时,该部几乎打到了盟军所在的杰贝勒艾卜耶德侧面的主要公路,并俘获了一千六百名英法守军。然而,摧毁靠近西迪恩西尔的英军前沿阵地后,在离巴杰十英里狭窄、多沼泽的小道上,德军主攻的装甲集群遭到包围。英军野战炮和反坦克炮对德军大开杀戒。最终,德军仅剩六辆坦克,其余都被击毁,德军的进攻因此画上句号。德国第二次进攻意在钳制迈贾兹巴卜,虽然起初取得一些胜利,后来还是失败了,在更南面地区发起的其他进攻也是如此。总体而言,阿尼姆以伤亡数字一千人出头的代价抓回了盟军两千五百名俘虏。但令德军七十一辆坦克或瘫或毁,而英军损失不到二十辆坦克。这实在得不偿失。德军正苦于缺少坦克,而要补充又不是那么容易的事。

更糟糕的是,阿尼姆失败的进攻拖累了隆美尔为第二次出击

需要而准备使用的几个师。隆美尔本想动用这些兵力对付蒙哥马利设在梅德宁与马雷斯防线对峙的英军阵地——因为阿尔贝特·凯塞林要求制止美军往北派遣预备队抵挡阿尼姆进攻，第十装甲师和第二十一装甲师应尽可能长期地被部署在距离美军侧翼足够近的地方。如此一拖，隆美尔向东反攻的情况就发生了变化：直到1943年6月26日，蒙哥马利只在梅德宁部署了一个师的兵力。蒙哥马利承认"一度担忧"，他的手下努力工作，拼命在隆美尔东进之前恢复战场均势。1943年3月6日，隆美尔开始进攻。此时，蒙哥马利的兵力翻了两番，拥有四个师的兵力，近四百辆坦克，以及三百五十门火炮及四百七十门反坦克炮。

在虚耗的十天，隆美尔原本利用优势兵力进攻的机会就这么消失了。隆美尔的第十装甲师、第十五装甲师和第二十一装甲师加起来只有一百六十辆坦克，比一个满员装甲师还少，进攻时只能得到除马雷斯防线几个意大利师外不到两百门火炮和一万名步兵支援。蒙哥马利当时还能从前沿机场调三个空军战斗机连，确保英军的空中优势。隆美尔原本想搞突袭。然而，1943年3月4日，德军装甲师的行踪被英军发现并及时报告给了上级，他不得不放弃突袭计划了。

蒙哥马利利用当前的情况尽力筑起了一道组织严密的防线，德军的进攻也因这道防线蒙受了比六个月前在阿拉姆哈勒法还重的损失。德军没推进多久就受阻了，英军集中火力进行打击，德军损失惨重。隆美尔深感即使继续进攻也无力回天，傍晚就放弃进攻了。此时，隆美尔麾下虽然只有六百四十五人伤亡，但损失了四十多辆坦克。相比之下，守军付出的代价小得多。

第9章 荡平非洲

这次失败后,轴心国军队已经不可能凭借战斗力和装备都不如人的军队在盟军两支部队会师并对自己形成联合压力之前打垮其中一支了。轴心国军队战败一周前,隆美尔曾给阿尔贝特·凯塞林上交了一份清楚、悲观的估计,包括了隆美尔本人和阿尼姆、乔瓦尼·梅塞这两位集团军级指挥官的看法。在报告中,隆美尔着重指出:轴心国部队正在防守一条长近四百英里的防线,面对的是人数比己方多两倍、坦克数量比己方多六倍的盟军劲敌。[①]轴心国军队比较分散,处境危险。隆美尔主张将战线缩短至一条九十英里——只涵盖突尼斯城和比塞大——的弧线,还说为了确保弧线阵地不丢,每月的补给要增加到十四万吨。隆美尔还直言要最高统帅部阐明对于突尼斯战役的长期计划。三番五次催讨后,隆美尔只是得到了"元首不同意他对当前局势的判断"的答复。答复还附上一份只列举双方编制数目,却不问实力和装备如何的表格——在当时和后来炫耀自己成就时,盟军的指挥官都曾用过这种失真的比较法。

进攻梅德宁失败后,隆美尔得出这样的结论:德军与意大利军队要是继续留在非洲就是"送死"。于是,1943年3月9日,隆美尔请了推迟已久的病假,将指挥权交给了阿尼姆,自己乘飞机回到欧洲,试图让他的主子了解局势。但事情的结果只是帮他自己洗脱了跟非洲战局的干系罢了。

[①] 隆美尔偏低地估计盟军兵力为二十一万人,配备坦克一千六百辆、火炮八百五十门、反坦克炮一千一百门。1943年3月初,虽然作战部队不过半数,但盟军实际力量已经超过五十万人。盟军坦克部队的实际数字为一千八百辆、火炮一千两百多门、反坦克炮一千五百多门。轴心国作战部队有十二万人,但只有不到两百辆可用的坦克。——原注

隆美尔飞到罗马,面见了"认不清失败现实,只在不停修正自己观点"的墨索里尼。接着,隆美尔就去面见了希特勒,但希特勒听不进隆美尔建议,只把他"当个悲观者"。希特勒暂时不准隆美尔回到非洲,要他等健康恢复后"指挥在卡萨布兰卡的战斗"。从把隆美尔远调到位于大西洋沿岸的卡萨布兰卡一事就能证明,希特勒这时还在做着仅靠自己就能将盟军彻底赶出非洲的美梦。

同时,盟军正集中力量,动用压倒性的优势兵力占领进入突尼斯的南大门,促使英国第八集团军和第一集团军胜利会师,从而钳制乔瓦尼·梅塞的"意大利第一集团军"。"意大利第一集团军"原来是隆美尔的"非洲装甲部队"。弗里茨·拜尔莱因虽然名义上只是乔瓦尼·梅塞的参谋长,但实际上握有调动所有德军的大权。

蒙哥马利没有急于利用在梅德宁击退德军反击后己方的胜利给对手造成动摇的机会立刻发动追击,而是采取逐步稳进策略,不断积累兵力和物资,准备在马雷斯防线上向德军发动总攻。总攻日期被定在1943年3月20日,也就是英军梅德宁大捷之后的两周。

为了给德军的后方施加影响,支援英军主攻,突尼斯南部的美国第二军将在1943年3月17日也就是总攻前三天发动一次进攻。美军进攻的命令由肯尼思·安德森制订,由哈罗德·亚历山大签署,共有三个考虑:其一,引开德军所有可以用于阻挡蒙哥马利进攻的军事资源;其二,占领位于泰莱普特的前进机场,为蒙哥马利提供空中支援;其三,在加夫萨附近建立补给站,为蒙哥马利的进攻提供补给支持。但美军进攻部队并未被要求沿着滨海公路进攻并切断德军退路,这既是因为英军对美军在穿插一百六十

第9章 荡平非洲

英里的长距离后发动进攻的能力有所怀疑,也是英军有意避免让美军再遭遇一次1943年2月的德军反攻。但英国指挥官的克制点燃了前来接替劳埃德·弗雷登道尔担任军长的小乔治·S.巴顿将军心中愤愤不平的求战之火。小乔治·S.巴顿手下的美国第二军管辖四个师,总兵力共八万八千人,是轴心国防御部队的四倍。况且,据说美军进攻的目标地带只有七千八百五十名意大利官兵,主要是靠近加夫萨的"半人马座"装甲师[①],德军官兵更是只有八百人。

美军进攻形势一片大好。1943年3月17日,意大利军队后撤二十英里,到达位于盖塔尔东部的一条横跨海滨小城迈哈莱斯和加贝斯的小道,因此特里·艾伦的美国第一步兵师兵不血刃,占领了加夫萨。3月20日,奥兰多·沃德将军指挥美国第一装甲师从卡塞林出发,冲上加夫萨与海岸之间的第三条道路的侧面,并在3月21日占领了塞尼德车站,又向东穿过了马科纳西,到达山口地带。

1943年3月21日,哈罗德·亚历山大给小乔治·S.巴顿"松绑"——让小乔治·S.巴顿准备调集一支强大的装甲部队发动突击,切断海滨道路,为蒙哥马利刚刚对马雷斯防线发动的进攻提供有力支持。但鲁道夫·朗上校率领的德军小分队利用居高临下的山地地形顽强死守,让美军无功而返。3月23日,美军对322高地发动数次进攻。德国守军(曾经是隆美尔的贴身卫队)虽然只有大约八十人,但还是把美军打退。3月24日,在四个炮营和两个坦克连的协助下,美军三个步兵营发动新一轮进攻,又被打退。

---

① 其实这是对轴心国军队实力的过高估计——"半人马座"师在1943年2月的作战开始前只有五千人,后来兵力更被一再削弱。——原注

此时，德国守军虽然得到增援，但人数也不过才增加到三百五十人而已。3月25日，小乔治·S.巴顿打电话下了死命令，奥兰多·沃德亲自带队，还是没有成功。德军增援部队又来了，美军不得不放弃进攻。随后，奥兰多·沃德被解职。小乔治·S.巴顿对美军的停滞不前早有怨言，即便进攻方在数量上占明显优势，但看不到打防御战的内在优势，而这种优势在攻方毫无经验、守方训练有素时尤其明显。在盖塔尔防区，德军防守的优势得到了又一次体现，这次进攻方是训练有素但作战经验相对缺乏的美国第一步兵师。3月21日，特里·艾伦的部队突破了意大利部队的阵地，并于3月22日再度推进了一步，但3月23日就被沿着海岸进攻并已有所损耗的德国第十装甲师——当时是德国非洲军的主力预备队，配属步兵、坦克营各两个、摩托车营和炮营各一个——发动的一次反击打退。德军突破了美军的前线阵地。被一个雷场挡住去路后，德军被特里·艾伦的火炮和坦克歼击车重创。德军攻势顿时受挫，随后试图在晚间恢复进攻，但铩羽而归。一份美军步兵战报这样自豪地记录了当时的情形："我们像拍苍蝇一样重创德军，用高爆弹狠狠惩罚了德军！"在第二次反击中，虽然德军蒙受的损失并没有美军战报中吹嘘的那么大，但还是在白天作战中因被炮火摧毁或被地雷炸瘫而损失了约四十辆坦克。

通过将德军装甲预备队拖入损失惨重的反攻"泥潭"，美军程度有限的进攻为在马科纳西的失败找回了一点颜面。美军不仅为蒙哥马利的进攻胜利增加了一个重要筹码，还大量消灭了德军本就稀缺的坦克预备队。谈起对盟军在非洲的最后胜利起到的作用，于1943年2月法伊德反击成功后，比起盟军自己发动的进攻，

第9章 荡平非洲

德军在3月发动的三次失败的反击行动起的作用更大。盟军是在德军过度消耗自己本就稀缺的兵力后才逐步建立优势的。从此以后，德军或可苟延残喘更长时间，但只不过是把兵力消耗在一次又一次失败的反攻上罢了。

1943年3月20日夜，蒙哥马利调动英国第十军、第三十军（共由十六万官兵、六百一十辆坦克及一千四百一十门火炮组成）进攻马雷斯防线。名义上，英军有六个师，而乔瓦尼·梅塞的防守部队有九个师。但乔瓦尼·梅塞的九个师兵力实际上只有不到八万人，对面的轴心国军队即便算上加夫萨附近的德国第十装甲师，也只配备了一百五十辆坦克，六百八十门火炮。英军在兵力、火炮和飞机上与轴心国军队形成了二比一的数量优势，在坦克方面形成了四比一的数量优势。

马雷斯防线从海边一直延伸到马特马塔山地，长二十英里。侧翼有一片沙漠，轴心国军队没有设防。以当时情形来看，轴心国军队如果用机动部队打延宕防御战，并在位于加贝斯北部的阿卡里特河河床建立据点是比较明智的。阿卡里特河河床是位于大海和杰里德盐沼之间，只有十四英里宽的瓶颈地带。1942年11月在从阿拉曼撤退时，隆美尔就建议在这里固守。1943年3月10日，隆美尔见到希特勒，成功说服他给阿尔贝特·凯塞林下达"驻守马雷斯防线的意大利步兵应该撤退到阿卡里特河河床建立防线"的命令。但意大利主官领导更愿意在马雷斯防线原地坚守，而站在意大利人一边的阿尔贝特·凯塞林则劝说希特勒收回成命。

蒙哥马利最初采用的是"拳击手计划"：奥利弗·利斯指挥的第三十军将以三个师的兵力发动正面进攻，突破德军在沿海地区的防线；布赖恩·霍罗克斯指挥的第十军将利用第三十九军打开的缺口进攻德军。同时，伯纳德·弗赖伯格指挥临时组建的新西兰军往距离加贝斯二十五英里、位于内陆的哈迈进行长距离迂回，钳制德军预备队，威胁其后方。

英军的正面进攻在沿海的狭窄区域展开，但未能成功。因为德军阵地前有二百英尺宽、二十英尺深的齐格扎乌河掩护，即使英军渡河，也要再面对一段反坦克壕沟的阻碍。德军在松软的河床里布雷，减慢了英军坦克与支援火炮的前进速度；而英军在河床对岸的德军阵地中占领的一些立足点就成了德军侧射火力集中攻击的目标。1943年3月21日晚上，英军又发动一次得到加强的攻击，扩大了桥头堡的面积。很多意大利官兵看到英军杀来，就望风投降了。然而，英军的反坦克炮仍然在过沼泽地，远远落在大部队后面。3月22日下午，德军发动了一次支援不足的反击，击败了英军的前线步兵部队。[①]英军连夜渡过齐格扎乌河撤退，不仅没有成功在防御阵地上打开缺口，还放弃了之前已有的进攻成果。

英军的侧翼包抄进展顺利，但很快就被耽搁了。新西兰军从第八集团军后方出发，经过长途行军，终于在1943年3月20日英军进攻开始时把两万七千名官兵和两百辆坦克带到了位于加贝斯以西三十英里、哈迈以西十五英里的普卢姆山口。当地驻防的意大利部队得到了预备队第二十一装甲师及非洲军第一六四师四个营的支援，因此阻挡了新西兰军很长一段时间。

1943年3月23日凌晨，眼见恢复海滨地区的进攻已无希望，

---

① 这一仗德国第十五装甲师只投入了三十辆坦克和两个步兵营的兵力。——原注

第9章 荡平非洲

蒙哥马利便决定重组进攻方案,将兵力集中在内陆一侧的迂回包抄作战上。英军投入的进攻力量越大,就越有希望杀到哈迈。蒙哥马利命令布赖恩·霍罗克斯的第十军及其指挥部与雷蒙德·布里格斯少将指挥的英国第一装甲师(配备一百六十辆坦克)趁夜向内陆进发,穿过沙漠去支援新西兰军。同时,命令由弗朗西斯·图克指挥的印度第四师跨过内陆,穿过马特马塔山地后扫荡哈卢夫山口——若能成功,盟军补给线就不用再绕路穿过沙漠,可缩短一百多英里。在扫清哈卢夫山口后,弗朗西斯·图克就沿着马特马塔山山顶往北推进,穿过马雷斯防线的侧翼,对守军形成了威胁。如果盟军在普卢姆山口受阻,弗朗西斯·图克的部队就需要开辟一条备用战线。

蒙哥马利的新计划很合理,设想很好,体现其灵活改变突击点、一旦受阻能随时创造新的进攻支点的能力,比在阿拉曼时做得更好——虽然事后蒙哥马利会刻意淡化自己因地制宜(大将之才的证明)而立下的功劳,说什么一切都是"根据计划"才获得成功的。从多种角度来说,尽管由于蒙哥马利根据原计划试图在滨海地区狭窄的沼泽地带搞强行突破,并在兵力不足以保证迅速进军的情况下暴露了在沙漠迂回包抄的潜在意图,造成了一些麻烦,但马雷斯战役仍是蒙哥马利在第二次世界大战中的最得意之作。

英军过早暴露自己的意图成了后来"增压二号计划"(为了纪念在阿拉曼夺取的最后胜利而命名的计划)的主要执行障碍。1943年3月20日,新西兰军队到达普卢姆附近的消息引起了轴心国统帅部的警惕。德军设在马特马塔山山头上的观察哨发现了新西兰军的动向,并根据英军在3月23日、24日都往同样的方向移动

的情况,做出了"蒙哥马利已经改变计划,将作战重点转移到沙漠侧面来"的推论。因此,在英军增援到达前两天,德军就把第十五装甲师调回哈迈,做好了支援第二十一装甲师及第一六四轻装师的准备。德军的调整正好赶上了英军定在3月26日下午发起的进攻。

"增压二号计划"失去了突然性,成功的概率顿时降低很多,但因为四个因素的共同作用,英军获得了一点儿补偿。其一,阿尼姆决定在1943年3月24日将乔瓦尼·梅塞的部队撤到阿卡里特河阵地,以避免被英军围歼,并且拒绝了乔瓦尼·梅塞坚守马雷斯防线的请求——这就导致守军的任务变成了"坚守足够长时间,确保马雷斯防线的非机动部队可以撤退"。其二,英军将运用十六个战斗机或轰炸机中队使用机炮和炸弹制造"空袭弹幕"——连续低空空袭——为地面进攻清路。"空袭弹幕"是一种让德国守军胆寒的"空中闪击战"战法,由英国空军少将哈里·布罗德赫斯特首创。尽管卓有成效,但因为违反了空军参谋部的作战原则,引起远在后方的空军上级军官的不满。其三,英军做出了装甲部队夜间行军的大胆决定。之前,德军常常这么做,甚至能占到便宜,但英军一直不愿尝试。最后,当英军装甲部队集结并开过两旁埋伏大量德国反坦克炮的山谷时,刚好刮起了沙尘暴,为英军提供了掩护。

1943年3月26日16时,西沉的太阳阻挡了守军的视线。盟军进攻开始,英国第八装甲旅和新西兰步兵打头阵。随后,在3月26日18时,雷蒙德·布里格斯指挥英国第一装甲师从第八装甲旅和新西兰军中间穿过,借着沙尘和落日的掩护向前推进了五英里,并

第9章 荡平非洲

在一个半小时后天黑时（3月26日19时30分）暂停。然后，英军在午夜前月亮升起时又以"稳固的方阵队形"继续前进。3月27日破晓，英国第一装甲师安全穿过瓶颈地带，来到了哈迈。

英军已经被德军反坦克防线和德国第十五装甲师约三十辆坦克发动的一次反攻挡在哈迈两天了。英军被挡，给了大部分徒步行军的马雷斯防线守军撤退到阿卡里特河阵地时间，从而免遭包围。在战役早期阶段，有大约五千名意大利官兵被俘；哈迈附近的德军也有一千人被俘，但德军以自我牺牲式的努力掩护了海岸走廊地带的撤退行动，以很少的装备损失为代价，保证了轴心国主力部队成功撤退。英军没有改换进攻路线，失去了可能抢先一步到达海岸地区并将轴心国部队分割包围的机会。蒙哥马利花了一个多星期的时间才做好对付轴心国军队新阵地的准备。

小乔治·S.巴顿得到了美国第九步兵师和第三十四步兵师的支援，开始朝沿海地区及轴心国军队的后方进攻。美军由第一步兵师、第九步兵师为第一装甲师开路，从阿盖塔朝加贝斯发动主攻。美国第三十四师则准备占领北面一百英里外的丰杜格山口，打开另一条通往海岸平原地区的道路。1943年3月27日，美军发动对丰杜格的进攻，但被轴心国军队一条较薄弱的防线挡住，并于3月28日后撤四英里，在对手攻击范围之外进行重整。因此，在战报中，轴心国军队做出结论："只要一攻击美国人，他们就会放弃继续作战。"

1943年3月28日，在经历更加艰苦的战斗并夺取少量地盘后，美军从阿盖塔发动的主攻受阻了。3月28日，蒙哥马利的军队已经突破哈迈，抵达了加贝斯。哈罗德·亚历山大命令小乔治·S.巴顿不要再等步兵开路，直接指挥装甲纵队向海岸地区发起冲击。但德军用一连串组织得很好的反坦克炮阵地挡住了小乔治·S.巴顿装甲部队的去路。经过三天徒劳的尝试，3月31日，盟军不得不再次动用步兵开路，但同样收效甚微。然而，德军感受到了盟军可能在自己后方搞突破的威胁，随即调动第二十一装甲师支援第十装甲师。德军数量有限的装甲预备队进一步分散，对蒙哥马利调动五百七十辆坦克及一千四百七十门火炮对阿卡里特河阵地发动的正面突击帮助很大。

阿卡里特河阵地靠海，平坦地带只有四英里宽。阿卡里特河很深，在河流浅窄处则是一系列从平原上耸起的小山头，虽然不高，但很陡峭，一直延伸到盐沼地带附近。阿卡里特河阵地天然利于防守，但轴心国迟迟才做出往阿卡里特河地带撤退的决定，没有多少时间将阵地巩固并向纵深发展。更糟的是，由于过早出发，推进太远，轴心国军队已经耗尽了大部分本就非常有限的补给，并且现在又"弹药荒"了。

最初，像之前在马雷斯一样，蒙哥马利还是准备在海岸附近的狭窄地区的轴心国军队阵地上打开一个缺口，然后用装甲部队扩大战果。英军准备动用第五十一高地步兵师担任打开缺口的任务，弗朗西斯·图克的印度第四师准备占领东端的山地屏障，为第五十一高地步兵师提供掩护。但弗朗西斯·图克力争要扩大攻击面，并根据山地战"次高地无用论"的原则提出继续往西，占领战场中部的制高点。弗朗西斯·图克相信自己接受过山地、夜间作战训练的部下能够克服这一艰难障碍。蒙哥马利接受了弗朗西斯·图克的建议，将正面攻击面扩大，并把第三十军的三个师

第9章 荡平非洲

都投入"打开缺口"的作战中。蒙哥马利相信部队在夜间行军的隐蔽优点要高于引起混乱的危险，宁愿大胆发动夜袭也不愿再等一周到有月光时才进攻。

1943年4月5日夜幕降临时，印度第四师开始前进，4月6日天还没亮时就深入群山之中，抓获了四千名俘虏，其中主要是意大利人。4月6日4时30分，在近四百门火炮支援下，英国第五十师、第五十一师发起进攻。在进攻一道前方设有反坦克壕的战线时，第五十师受阻。但不久，第五十一师就顺利在敌军阵地上打开了一道比印度第四师打开的小一些的缺口。英军两路进攻得手，给早已被部署在靠近战线后方地带的布赖恩·霍罗克斯第十军的装甲部队创造了乘胜进攻的机会。

官方文书记录下了1943年4月6日8时45分布赖恩·霍罗克斯来到弗朗西斯·图克指挥部的情形："印度第四师师长向第十军军长指出，我军已经把敌人打败，第十军眼前的道路已被扫平，是时候不吝人力、物力发动猛攻，结束北非战事了。第十军指挥官在电话中向集团军指挥官要求保住进攻势头，准许第十军投入战斗。"只可惜英军行动开始得太迟了，在乘胜进攻的时候又耽搁了许久。哈罗德·亚历山大的公文是这么记录的："1943年4月6日12时，蒙哥马利允许第十军投入战斗。"这时，德国第九十轻型师已经发起反攻，并将第五十一师从一部分已经占领的阵地中赶了出去，部分封住了先前已经打开的缺口。4月6日下午，当姗姗来迟的第十军向第五十一高地步兵师所在的阵地赶去时，却被德国第十五装甲师——当时轴心国军队唯一可用的预备队——的防守阵势与随即发动的反攻挡住。英军错失了整整一天。这一

天，英军本可以利用第十军的优势兵力进一步扩大由印度第四师打开的缺口的机会。

蒙哥马利制订了1943年4月7日上午利用强大的空袭和炮火覆盖为掩护进行突破的计划，这体现了他有的谨慎风格。但在英军进攻前，轴心国军队已经逃得无影无踪了。这一战原本是蒙哥马利计划中的一场歼灭战，现在成了为从他掌心溜走的敌轴心国军队送行的"马后炮"。

蒙哥马利失去了取得决定性胜利的机会，但轴心国军队同样失去了封锁英军突破口及守住阿卡里特河阵地的机会——为应对美军对轴心国军队后方的威胁，德军三个装甲师中的两个，即第十五装甲师、第二十一装甲师已经被调走了。轴心国军队撤退前的1943年4月5日晚上，乔瓦尼·梅塞告诉阿尼姆，守住阿卡里特河阵地已经不可能，并在征得阿尼姆同意后退往阿卡里特河阵地以北一百五十英里的昂菲达维尔。昂菲达维尔也是狭窄的沿海平原，同样有连绵的小山丘可以作为防守。

1943年4月6日天黑后，轴心国军队很快开始撤退。大部分官兵尽管仍要徒步行军，但还是在4月11日安全抵达昂菲达维尔。英国第八集团军先头部队向前推进，身后有两个军的兵力跟随。尽管英军是全机动化部队，拥有相对于轴心国薄弱军队的压倒性兵力，但还是花了两天时间才到。

为了阻止轴心国军队撤退，哈罗德·亚历山大派出隶属第一集团军的英国第九军占领丰杜格山口，然后向东突击五十英里，穿过凯鲁万，直达位于昂菲达维尔以南二十英里的海岸城市苏塞。英军进攻部队是新编的，由英国第六装甲师、英国第四十六

第9章 荡平非洲

师的一个旅及配备有二百五十辆坦克的美国第三十四步兵师组成,指挥官是约翰·克罗克。进攻部队中,步兵的任务是占领丰杜格山口两侧的制高点,为装甲部队的后续进攻开路。1943年4月7日、4月8日两天,英军仓促发动了夜袭。但美国第三十四师晚出发了三小时,失去了夜色掩护,不久就被轴心国军队的炮火挡住了。英军吸取了十天前进攻受阻的教训,更想停下来找掩护。因为英军第九军停滞不前,德军得以枪口转北,攻击已经在山口北部占领高地的行动中取得一些进展的第四十六师的一个旅。由于全盘进攻的胜负都系于一次往海岸地区的猛攻,因此约翰·克罗克决定,与其让步兵清路,不如直接派装甲部队强行打开一条通道。

1943年4月9日,在查尔斯·凯特利少将的指挥下,英国第六装甲师以损失六十七名官兵、三十四辆坦克的代价完成了突破任务。这个代价看似沉重,与在行军途中穿越雷区及埋伏了十五门反坦克炮的狭长通道等重重困难相比还是轻的——何况英军还把十五门反坦克炮都击毁了。然而,英军坦克直到4月9日下午才突围完毕,因此约翰·克罗克决定暂缓进军,等到第二天早上继续扩大战果,并将所有单位召回,安置在山口处有妥善保护的野战营地里过夜。与之前的大胆进攻相比,约翰·克罗克这一部署显得稳妥一些。但英军还是要在眼前的雷区打开一条通道,供轮式车辆通过。报告显示,在弗里茨·拜尔莱因的指挥下,德国装甲部队从南部地区撤退,已经接近凯鲁万。4月10日,英国第六装甲师已经恢复了往东进攻的攻势。但等第六装甲师赶到凯鲁万时,轴心国军队已经安全从凯鲁万这一道路中央地带撤退。由两个步兵营和一个反坦克连组成的德军小型特遣队守卫丰杜格,在完成

弗里茨·拜尔莱因下达的"为掩护乔瓦尼·梅塞的部队撤退到沿海走廊地带后，将英国第九军阻挡到4月10日"任务后也撤走了。德军小分队面临英军压倒性优势的兵力，前后受敌仍能安全撤退，可谓是了不起的成就。

轴心国的两支部队现在已经会师，开始防守北部海岸至昂菲达维尔长达一百英里的弧形地带。虽然轴心国军队的状况暂时改善了一些，但蒙受的惨重损失，特别是在装备方面的损失，抵消了撤退带来的好处。即便现在需要守卫的防线已经很短了，德军也没有足够的防御力量在弧形防线上阻挡在兵力、装备上都占据压倒性优势的盟军。况且1943年3月底和4月初，阿尼姆在2月发动的反攻中占领的迈贾兹巴卜及其北部的地盘，多数已经被查尔斯·奥尔弗里率领的第五军夺回，为盟军向比塞大和突尼斯城发动新的进攻提供了方便。

接下来，盟军对给轴心国军队致命一击的战役地点的选择体现了强烈的政治因素和心理因素。艾森豪威尔1943年3月23日及以后给哈罗德·亚历山大的信中，都力求将决战地点定在新编第一集团军所在的北部地区。艾森豪威尔还说，为了提振美军士气，应该把小乔治·S.巴顿的部队调往战区参加总攻。哈罗德·亚历山大制订计划时接受了艾森豪威尔的建议。

1943年4月10日，哈罗德·亚历山大命令安德森做好在4月22日进攻的准备，也向小乔治·S.巴顿关于将部队指挥权交给新编第一集团军的抗议妥协，安排美国第二军独立作战。哈罗德·亚历山大拒绝了蒙哥马利关于将英国第六装甲师划归英国第八集团军——此时第六装甲师刚刚与第八集团军会师——的要求，并且通知蒙哥

第 9 章 荡平非洲

马利,英国第八集团军部分部队将成为辅助性部队,还要将其手上的两个装甲师让出一个,即英国第一装甲师去支援新编第一集团军。

做出这样的决定是盟军政策利益和战略利益结合的体现。北部战区的道路更多、更宽阔,补给线更短,盟军的优势兵力可以发挥更大作用。但装甲部队顺着昂菲达维尔往南前进的道路障碍重重,因此作战取得进展的希望不大。

美国第二军的转移过程是一个复杂的参谋过程。此时,奥马尔·布雷德利接替了已经承担进攻西西里岛计划制订工作的小乔治·S.巴顿指挥第二军。每天有两千四百辆各类车辆经英军据守的后方弧形地带从突尼斯南部地区转移到北部地区。英国第九军沿着一条较长的路线被调往突尼斯北部地区,并被部署在英国第五军、法军第十九军右侧——现在已经并入右翼英国第八集团军——的中心地点。

根据哈罗德·亚历山大1943年4月16日制订的"最终计划",盟军将兵分四路,发动集中突击。第八集团军与布赖恩·霍罗克斯的英国第十军准备在4月19日晚穿过昂菲达维尔,进攻哈马马特与突尼斯城,切断邦角半岛颈部,堵住出入要道,阻止轴心国军队撤到邦角半岛持续抵抗。盟军至少还要前进五十英里,其中包括一段非常难走的瓶颈地带。位于战线旁边的法国第十九军则要持续对轴心国军队保持压力,并利用好旁边的友军部队在推进时可能提供的一切机会。配有一个步兵师、两个装甲师的英国第九军将在4月22日凌晨于法赫斯、古拜拉特出击,为即将发动的装甲进攻开路。英国第九军左侧是由三个步兵师及一个坦克旅组成、担负主攻任务的英国第五军。第五军将在同一天傍晚于迈贾兹巴卜附近进攻，这里有德国第三三四师麾下的两个团在防守。美国第二军将在4月23日进攻由哈索·冯·曼陀菲尔师麾下三个团及第三三四师麾下的一个团组成的防御部队——美国第二军由九万五千人组成，但德军只有不到八千人。

盟军发动如此大规模、广范围的进攻，看来大有可为。盟军有二十个师共三十多万人外加一千四百辆坦克。盟军情报部门对德军兵力做出了正确估计：在一百英里的弧线防御地带，轴心国军队的骨干防御力量总共不超过六万人，坦克总数不超过一百辆——德军甚至在一份报告中说只有四十五辆可供作战。1943年4月20日晚上，阿尼姆在迈贾兹巴卜南面发动了一次失败的进攻，虽然趁夜突入五英里，但天一亮就被击退了，并没有对英军在这一地区的进展及发动的攻势造成影响。

然而，即便盟军本次按时发动了攻势，后来也未能按照计划执行，德军仍在顽强防御，熟练地利用复杂地形遏制盟军优势兵力发起的进攻。如此一来，哈罗德·亚历山大的"最终计划"就变成了"倒数第二"计划。

英国第八集团军动用了三个师对昂菲达维尔发动了正面进攻，但在紧靠海岸地区的群山地带因遭遇顽强抵抗而受阻，损失惨重。这让蒙哥马利和布赖恩·霍罗克斯把敌人从咽喉地带"赶出去"的乐观想法落空了。山地中的意大利军队作战和德军一样顽强。在位于法赫斯西北更深入内陆的科尔齐亚，英国第九军的装甲部队突破了轴心国军队的阵地，并向前推进了八英里。阿尼姆把唯一有战斗力的机动预备队，也就是德军第十装甲师投入

第9章 荡平非洲

战斗。此时,盟军进攻部队有三百六十辆坦克。然而,即便德军第十装甲师配备的坦克不到盟军的十分之一,还是一下子遏制住了英军的攻势。英国第五军发动的主攻遭到德军两个团的顽抗,进展缓慢——苦战四天,仅仅往迈贾兹巴卜以外推进了六至七英里,然后就再也没能往前推进了。德国非洲军把大部分仅剩的坦克组成一个旅投入战斗,反把英军从一些已经占领的地方赶了出去。在北部地形崎岖地区的作战中,美国第二军前两天还有些进展,但到了1943年4月25日,美军才发现德军已经悄悄溜回几英里外的防线去了。综上所述,盟军全线进攻没有取得真正的突破,战局陷入全线停滞的状态。

为了挫败盟军进攻,轴心国官兵不仅被打得疲惫不堪,还进一步消耗了本就十分稀缺的物资。举例来说,1943年4月25日,轴心国两个集团军只剩四分之一个基数的燃料——仅够机动单位再行驶二十五英里,剩下的弹药只能勉强维持三天作战的需要。轴心国军队把击退盟军的希望寄托在能获得补给上,但几乎不可能获得什么燃料和弹药补给。德军的供给困难成了盟军获胜的主要原因。阿尼姆事后说:"即使盟军不进攻,我也会在1943年6月1日率众投降,因为我们已经没什么食物可吃了。"

早在1943年2月底,隆美尔就曾经和阿尼姆做过"如果最高统帅部希望在突尼斯久守,那么每月需要十四万吨物资才能维持轴心国军队的战斗力"的报告。远在罗马的意大利当局敏锐地觉察到航运越发困难,于是将补给量压缩到十二万吨,并且预计有三分之一的物资会在运输途中被击沉。3月,轴心国军队实际上只收到了两万九千吨物资,其中四分之一是空运来的。相比之下,仅

美军,一个月就从在北非占领的港口安全地为驻军提供了四十万吨物资。4月,轴心国部队仅能得到两万三千吨补给,5月第一周的补给数量已经缩减到两千吨了。上述补给运输数字对比和盟军海军(主要是英国海军)、空军通过对轴心国航运高质量的侦测工作及跨地中海补给航路的建立,比任何一个同盟国领导人都更好地解释了轴心国在非洲的抵抗突然崩溃的原因。

盟军在昂菲达维尔受阻间接地帮助了哈罗德·亚历山大提出新的"最后计划"。1941年4月21日,盟军用三个师进攻昂菲达维尔,遭遇了惨败。蒙哥马利眼见盟军损失惨重,不得不下令停止进攻。这样一来,阿尼姆就得到了将仅剩的装甲部队北调,去支援阻止英军进攻迈贾兹巴卜以东的防御战。蒙哥马利计划在4月29日恢复进攻,不再力求攻占内陆高地,而是集中进攻海滨的狭窄地带。虽然布赖恩·霍罗克斯表示接受,但弗朗西斯·图克和伯纳德·弗赖伯格这两个最重要的师长反对。师长们的反对意见也因新攻势一发动就被遏制而被证明是正确的。4月30日,哈罗德·亚历山大亲临前线,与蒙哥马利会谈,随后下达命令,要求英国第八集团军将最能打的两个师调给新编第一集团军,在迈贾兹巴卜发动全新的、强有力的进攻。在进攻昂菲达维尔前,弗朗西斯·图克曾力主选用这条路线。事实也证明早该这么进攻了,因为进攻昂菲达维尔连牵制当地轴心国军队增援战线中央地区这类作用十分有限的目标都达不到。

两个师调动的命令一下达,很快就得到了执行。当天黄昏前,被选上的印度第四师和第七装甲师开始朝西北方向长途转移。当时在后方待命的第七装甲师要沿着崎岖的道路迂回转移

第9章 荡平非洲

三百英里。英军靠运输机转运坦克,仅两天就完成了转移任务。印度第四师和英国第七装甲师被调拨给承担决定性进攻任务的英国第九军。英国第九军往北进发,前往英国第五军据守地区的后方准备出击。原第九军军长约翰·克罗克面临如此大好机会,竟横遭不幸。他在一门新迫击炮表演射击中意外受伤,失去指挥能力。指挥权由布赖恩·霍罗克斯接替。

同时,1943年4月26日,奥马尔·布雷德利的美国第二军恢复了在北部地区的进攻,但在试图穿越一座山区时遭到德军顽强抵抗,并在苦战四天后被打败。不过,美军的持续施压让轴心国军队物资供应承担了巨大压力,使其陷入了弹药奇缺的困境,不得不撤退到马特尔以东一条新筑但更易被攻破的防线。轴心国军队利用5月1日和5月2日两个晚上撤退,过程娴熟并且没有受到任何来自盟军的干扰。然而,新防线距离比塞大港基地仅十五英里,纵深不足——迈贾兹巴卜也一样。

防御纵深不足是守军最大的致命伤,从而保证了盟军在1943年5月6日发起进攻的必胜性——因为德军不可能在第一道防线被攻破后再用灵活防守和机动撤退的方法继续抵抗了。轴心国军队虽然过去能挡住盟军的进攻,但毕竟是以消耗大量物资为代价换来的。现在轴心国军队只剩暂时应付盟军占压倒性优势炮火打击所需的弹药和进行最短距离反击所需的燃料了。轴心国军队还缺乏空中掩护——因为突尼斯的机场已经守不住了,并且所有轴心国军机都已经撤退至西西里岛。

轴心国指挥官对即将到来的盟军打击并不感到意外。虽然他们早就通过无线电截获了盟军从英国第八集团军调兵到新编第一集团

军的情报,但德军缺乏物资,即使明知大难临头也无能为力。

哈罗德·亚历山大的新计划改叫"火神行动"。行动要求英国第九军发动猛烈进攻。英国第九军将穿过英国第五军防区,进攻位于迈杰尔达河以南谷地中不到两英里宽的德军战线。在四个步兵坦克营的支持下,英国第四师和印度第四师将以密集阵型发动进攻,打头阵。英国第六装甲师和第七装甲师紧随其后。将在步兵部队打开缺口并前进三英里后,英军装甲师跟上,杀到距离出发点十二英里、距离突尼斯城还有一半路程的圣西普里安。哈罗德·亚历山大在命令中强调,"首先要占领突尼斯城",并且为防敌人集结,还要不停地"肃清敌人仍在防守的位置"。

1943年5月5日傍晚,作为英国第九军进攻前的初步进攻,英国第五军奉命占领杰贝尔布奥卡兹山。啃下几场硬仗后,英国第五军总算完成了任务。之后,英国第五军接到了"打开一条通道,让第九军发动进攻"的任务。因为轴心国军队已经无法有效发动反攻,英国第五军顺利完成了任务。

由于第一集团军缺乏夜战经验,要是第九军按原计划在白天发动进攻,要打开通道或许比较困难。进攻计划因弗朗西斯·图克的坚持而做了改变:将进攻时间改为可以利用无月黑夜为掩护的1943年5月6日3时。盟军还根据弗朗西斯·图克的力求,以所有轴心国据点为中心发动持续而集中的猛烈轰炸,炮弹消耗量上升到每门一千发(提升了一倍)。在轴心国战线上,平均每隔两码就会落下一枚盟军炮弹,比1942年秋落在阿拉曼的还要多五倍。盟军在进攻中动用的四百门火炮直接支援造成的后果,比自拂晓开始的两百多架次猛烈空袭带来的破坏更加严重。

第9章 荡平非洲

1943年5月6日9时30分,在轴心国军队的防线上,印度第四师以战死一百多人的代价打开了一个很大的缺口,并发回了"前方已没有什么真正抵抗迹象"的情报,还告知指挥部,现在装甲部队可以"想走多远走多远"。5月6日10时前,英国第七装甲师的先头部队开始跨过步兵占领的防线。右翼的英国第四师虽然出击较迟,推进较慢,但在左翼友军进攻的帮助下,于5月6日中午前到达了目的地。然而,5月6日15时至16时,英军被迫在马西科附近过夜。此时,英军仅仅前进了六英里,越过步兵占领的战线三英里,距离突尼斯城还有四分之三的路程。在战史上,对过分谨慎的作风,英国第七装甲师指挥官认为"紧紧控制各旅,比因放松对阵地的控制而使类似补给这样的长期任务变得复杂化要明智一些"。这表明第七师没能掌握"乘胜追击"这一基本军事原则,更不具备对敌人进行乘胜追击的精神。正如在阿卡里特河时那样,布赖恩·霍罗克斯和装甲师师长太迟钝,把握不住战机。他们不去发挥机械化部队特有的高机动性带来的作战潜力,只保持步兵般的慢速进行作战。

实际上,英军不需要那么谨慎。就以英军曾在进攻中受阻,位于迈杰尔达河以南八英里、宽仅两英里的轴心国军队防线为例。轴心国只配备了两个很弱的步兵营和第十五装甲师的一个反坦克营,以及数量不到六十辆坦克——几乎是轴心国军队仅剩的坦克——的混合编队。轴心国军队这条薄弱防线最后遭到盟军集中炮击,被完全摧毁了。不仅如此,苦于轴心国军队缺少燃料,阿尼姆已经无法按计划把第十装甲师和第二十一装甲师仅剩的非装甲部队残部向北调遣了。德军自身因燃料短缺造成的行动受限

似乎比英军精心设计的伪装再次进攻科尔齐亚还要有效。

1943年5月7日拂晓,第六装甲师、第七装甲师再次开始"过分谨慎"地推进,在圣西普里安被一小撮配备十辆坦克和几门火炮的德军一直阻挡到了下午。5月7日15时15分,英军总算接到了向突尼斯城挺进的命令。第十一轻骑兵团的装甲车辆开进了突尼斯城。北非战役已经打了三年,这个团终于圆满完成了担任先锋的任务。第六装甲师的装甲车团——德比义勇军几乎在同一时间进城;随后跟上的是扩大范围、完成占领城市任务的坦克和乘坐汽车的步兵。盟军进城时,受到了市民的热烈欢迎。市民向军队抛鲜花、送飞吻。一时之间,军队竟然寸步难行,这让士兵们不知如何是好,仿佛遭到了比小股德军散兵在孤立地区的零星顽抗更厉害的"阻拦"。1943年5月7日傍晚,盟军抓到了大批俘虏。1943年5月8日早上,更多轴心国军队败兵被包围——他们要么往北窜,要么往南逃。至于在突尼斯城郊区还在顽抗的轴心国军队的残部,也被盟军进攻突尼斯市的部队打散,纷纷四下逃窜。

与此同时,为了配合英军的进攻,美国第二军在北部地区重新发动了攻势。当时德军似乎还在顽强抵抗。美军在1943年5月6日进展缓慢。但5月7日16时15分,美国第九步兵师的侦察单位突然发现道路处于"门户大开"的状态,于是驰入比塞大,却发现轴心国军队早就撤出城市,朝东南方向撤退了。5月8日,美军将举办的正式入城式让给了法国非洲军。美国第一装甲师从马特尔推进,在进攻第一天就被轴心国军队挡住。美国第一步兵师和第三十四步兵师从南部更远处发动进攻,同样被轴心国军队挡住。然而,5月8日,美国第一装甲师发现轴心国军队防线因弹药、燃

料都消耗殆尽、正在崩溃,往前推进并不难。英国第七装甲师则从突尼斯城向北进攻,沿着海岸杀到了德军的后方。

轴心国军队遭到英军与美军先头部队夹击,无法抵抗或后退,只能大规模投降。1943年5月8日天黑前,第十一轻骑兵团的先头中队就控制了一万名俘虏。5月9日晨,另一个中队的一部分官兵冲到位于比塞大以东二十英里的比塞大海角附近的法里纳港,接受了海滩上九千多德军官兵的投降。投降的德军中有些人当时还在可怜兮兮地尝试制作木筏逃走。英军把这些战俘移交给随后到达的美军装甲部队后才长舒一口气。5月9日9时30分,德国第五装甲师及北部地区的德军指挥官古斯塔夫·冯·韦尔斯特军给阿尼姆拍了一封这样的电报:"我们的装甲部队和重炮被摧毁了,燃料和弹药用光了。我们将战斗到底。""我们将战斗到底。"——多么勇敢,但又带点荒唐!部队没有弹药怎么作战呢?很快,古斯塔夫·冯·韦尔斯特就了解到,在认识到这条悲壮命令的荒唐后,手下官兵便纷纷投降了。因此,他在5月9日中午正式同意率领残部投降。在这一地区,盟军抓获俘虏的数量上升到了四万人。被打散时,大部分轴心国军队都在突尼斯城南部。这里天然利于防守,盟军指挥官估计轴心国军队会进行长时间坚守。但这里的轴心国军队同样因弹药、油料耗尽,坚持了很短时间就崩溃了。轴心国军队的绝望加快了其防御的崩溃。即使还有剩下的补给品,轴心国军队的官兵也明白,他们没有希望获得这些补给,也不可能成功逃脱。

现在,哈罗德·亚历山大的目标是阻止南部的乔瓦尼·梅塞的部队撤退到邦角半岛,在邦角半岛上建立"最后一个"坚固阵

地。于是,一占领突尼斯城,英国第六装甲师就奉命转向东南,朝位于邦角半岛基线较近一角的哈马姆利夫开进,第一装甲师也往哈马姆利夫靠拢。当地依山靠海,海岸边的平地宽度仅三百码。德军的一个特遣队守着哈马姆利夫狭窄的小道,还能得到撤出机场防线的八十八毫米炮的支持。盟军试图强行通过,但被德军阻挡了两天,最后用良好的协同作战才攻破德军防线。第六装甲师的步兵占领了可以俯瞰全城的制高点,用火炮逐条扫荡街道,然后派出一个坦克纵队冒着拍岸的海浪沿海滩出击。这样可以得到较好掩护,免遭被一门幸存的、还在开火的德国火炮消灭的厄运。1943年5月10日黄昏时,盟军已经跨过邦角半岛基线,来到哈马马特,包围了轴心国幸存的军队。因缺少燃料,轴心国军队没能向邦角半岛撤退。5月11日,第六装甲师往南开进,到达了在昂菲达维尔一带阻挡英国第八集团军的轴心国军队的后方。敌人虽然手里还有弹药,但知道自己显然已经被盟军包围,更没法逃脱,只好尽快投降了。

1943年5月13日,留在非洲的轴心国官兵全投降了。只有百余人渡海或乘飞机逃到了西西里岛。1943年4月初,还有九千多名伤病员被撤走。但盟军最后到底抓了多少轴心国战俘呢?没有准确数据。5月12日,在发给艾森豪威尔的报告中,哈罗德·亚历山大的司令部说,俘虏人数从5月5日起已经增至十万人,清点完毕后发现总数接近十三万人。后来又在报告中说"战俘人数近十五万人"。但在战后发表的文集中,哈罗德·亚历山大又称俘获了"二十五万人"。丘吉尔在《第二次世界大战回忆录》中也只是在"二十五万"前加了"接近"一词而已。艾森豪威尔则表示,

第9章 荡平非洲

俘虏"二十四万人,其中德军战俘十二万五千人"。但1943年5月2日,在发给罗马的报告中,轴心国非洲军说,1943年4月领取口粮的部队人数在十七万至十八万之间。这是战役最后一星期激战爆发前的数字。因此,很难想象盟军竟然俘获了比领取口粮的部队人数还多近半的战俘,后勤部门是不会低估部队人数的!值得注意的是,在作战结束的最后几个阶段,所知德军领取口粮的士兵人数还是和盟军声称俘虏的人数有很大出入。

当然,不管确切数字是多少,盟军肯定在突尼斯抓了大量轴心国军队的俘虏。更重要的是,盟军消灭了轴心国在地中海战场大部分经历过实战检验的精兵。轴心国本可以利用这支军队抵挡盟军即将开始的对西西里岛的进攻。这将是盟军重返欧洲的第一个阶段,也是很重要的一个阶段。